新汉语水平考试
HSK(四级)攻略:阅读与写作

刘 云 主编

姜 安　王 彬　陈永超
马 千　朱淑华　崔 柯
李国春　张振亚　张 伟　编著
裴雨来　周 昉　石佩芝
万 辉

图书在版编目(CIP)数据

新汉语水平考试HSK(四级)攻略：阅读与写作/刘云主编. —北京：北京大学出版社，2011.6

(北大版新HSK应试辅导丛书)

ISBN 978-7-301-18720-3

I. 新… Ⅱ. 刘… Ⅲ. ①汉语—阅读教学—对外汉语教学—水平考试—自学参考资料 ②汉语—写作—对外汉语教学—水平考试—自学参考资料　Ⅳ. H195.4

中国版本图书馆CIP数据核字(2011)第055883号

书　　　　名：	新汉语水平考试HSK(四级)攻略：阅读与写作
著作责任者：	刘　云　主编
责 任 编 辑：	邓晓霞　dxxvip@yahoo.com.cn
标 准 书 号：	ISBN 978-7-301-18720-3/H·2794
出 版 发 行：	北京大学出版社
地　　　　址：	北京市海淀区成府路205号　100871
网　　　　址：	http://www.pup.cn
电　　　　话：	邮购部 62752015　发行部 62750672　编辑部 62767349　出版部 62754962
电 子 邮 箱：	zpup@pup.pku.edu.cn
印　刷　者：	北京飞达印刷有限责任公司
经　销　者：	新华书店
	787毫米×1092毫米　16开本　8.75印张　212千字
	2011年6月第1版　2019年9月第5次印刷
定　　　　价：	28.00元

未经许可，不得以任何方式复制或抄袭本书之部分或全部内容。

版权所有，侵权必究　　举报电话：010-62752024

电子邮箱：fd@pup.pku.edu.cn

目 录

阅读题 ··· 1

第一部分 选词填空 ··· 3
一、题型介绍 ··· 3
二、答题技巧 ··· 3
三、考点、专项练习及题解 ·· 5

第二部分 排列顺序 ··· 25
一、题型介绍 ··· 25
二、考点、专项练习及题解 ·· 25

第三部分 选出正确答案 ·· 46
一、题型介绍 ··· 46
二、答题技巧 ··· 47
三、考点、专项练习及题解 ·· 47

阅读模拟练习(一) ··· 76
　阅　　读 ··· 76
　　第一部分 ·· 76
　　第二部分 ·· 77
　　第三部分 ·· 78

阅读模拟练习(二) ··· 85
　阅　　读 ··· 85
　　第一部分 ·· 85
　　第二部分 ·· 86
　　第三部分 ·· 87

1

书写题 ……94

第一部分 完成句子 ……94
- 一、题型介绍 ……94
- 二、考点、答题技巧、专项练习及题解 ……94

第二部分 看图、用词造句 ……119
- 一、题型介绍 ……119
- 二、答题技巧 ……119
- 三、考点、专项练习及题解 ……119

书写模拟练习(一) ……128
书　写 ……128
- 第一部分 ……128
- 第二部分 ……129

书写模拟练习(二) ……132
书　写 ……132
- 第一部分 ……132
- 第二部分 ……133

阅读题

阅读是HSK四级一个很重要的部分,共有40题,考试时间为35分钟。

阅读共有三个部分:一是选词填空,二是排列三个句子的顺序,三是阅读长句并选出正确答案。

阅读主要考查考生对生词的掌握和对句子的理解。

题型一:选词填空

例题1
A 随着　B 尝　　C 春节　　D 坚持　　E 收拾　　F 提醒
研究证明,人们的心情会(　　)天气的变化而变化。

(大纲样题)
(正确答案:A)

例题2
A 反映　B 陪　　C 温度　　D 堵车　　E 来得及　　F 肯定
A:快点儿,今天千万不能迟到。
B:还有10分钟呢,(　　)。

(大纲样题)
(正确答案:E)

题型二:排列顺序

例题3
A:所以你喜欢哪种颜色
B:因为不同的颜色表示不同的性格
C:就说明你是哪种性格的人

(大纲样题)
(正确答案:BAC)

阅读题 | 1

题型三:选出正确答案

例题 4

　　我是前天来北京的,想借这次机会去长城看看,可是公司的事情很多,时间安排得很紧张。

★我最可能来北京:

A 旅游　B 休息　C 出差　D 请假

(大纲样题)

(正确答案:C)

第一部分　选词填空

一、题型介绍

选词填空由两部分组成,第46—50题要求把五个词填入五个句子中,例如:

> **例题1**
> A 随着　B 尝　　C 春节　　D 坚持　　E 收拾　　F 提醒
> 她每天都(　　)走路上下班,所以身体一直很不错。
> (大纲样题)
> (正确答案:D)

第51—55题要求把五个词填入五个对话中,例如:

> **例题2**
> A 反映　B 陪　　C 温度　　D 堵车　　E 来得及　　F 肯定
> A:今天真冷啊,好像白天最高(　　)才2℃。
> B:刚才电视里说明天更冷。
> (大纲样题)
> (正确答案:C)

本题主要考查四级的1200个词汇,动词、形容词、名词、副词和连词是考试的重点。

二、答题技巧
(一) 根据上下文猜测词义

> **例题3**
> A 随着　B 尝　　C 春节　　D 坚持　　E 收拾　　F 提醒
> 　虽然现在离(　　)还有段时间,但是不少人已经开始准备过年的东西了。
> (大纲样题)
> (正确答案:C)

> **例题4**
> A 反映　B 陪　　C 温度　D 堵车　E 来得及　　F 肯定
> A：火车快开了,他怎么还没来?
> B：他一般很准时的,可能是路上(　　),别着急,再等等。
>
> （大纲样题）
> （正确答案:D）

例3的选项中,跟"过年"关系最密切的是C"春节",例4中根据"火车快开了"、"怎么还没来"、"路上"、"别着急"选择D"堵车"。

如果遇到不认识的词,也不要着急,可以根据生词的偏旁和语素进行猜测,例如：

> **例题5**
> A 随着　B 尝　　C 春节　D 坚持　E 收拾　　F 提醒
> 快把房间(　　)一下,准备一些水果,一会儿有客人要来。
>
> （大纲样题）
> （正确答案:E）

在例5中,根据"一下",这里应该填入一个动词,再根据"房间"、"准备"、"客人要来",我们猜测是来客人了,所以说话人想把房间弄得干净整齐一点,答案是E"收拾"。如果没学过这个词也没关系,根据上下文,这个动词肯定是用手做,选项中D"坚持"、E"收拾"和F"提醒"中都有带"扌"旁的字,这样就缩小了范围。在这三个词中,"坚持"的"坚"和"提醒"的"醒"都跟手部动作无关,只有"收拾"中的"收"仍有关系,这样看来,E最有可能是正确答案。

（二）根据词性判断

我们也可以根据词的语法特点,判断要填的是动词、形容词,或者其他的词,这样可以进一步缩小选择的范围,例如：

> **例题6**
> A 反映　　　B 陪　　C 温度　　　D 堵车　E 来得及　　F 肯定
> A：讨论会开得顺利吗?
> B：顺利,大家(　　)了不少管理过程中出现的问题,对下一步工作很有帮助。
>
> （大纲样题）
> （正确答案:A）

根据"了",可以知道这里应该填的是一个动词,这样就能把别的词类排除掉,再根据宾语"问题"和上下文"对下一步工作很有帮助",选出答案A。

动词、形容词、副词和连词的句法特点可以看下表:

词类	句法特点	例句
动词	(1)在/正在+V	小红**在**学习。/她**正在**做饭。
	(2)VV/V了V/V一V	你**尝尝**。/他**看了看**手表。/你**来说一说**。
	(3)V+了/V+着/V+过	他走**了**。/她骑**着**一辆自行车。/我看**过**这本书。
形容词	很/特别/非常+A	今天**很**冷。/小张**特别**聪明。/这次考试**非常**难。
副词	动词或形容词前	他**有时**不来上课。/下班的时候**顺便**买点菜。
连词	句子前或两句之间	**因为**今天太冷了,**所以**他不想出去看电影。

(三)熟悉常见的用法和搭配

上面我们介绍的两个技巧能够缩小范围,但要想得到好成绩,还是得掌握大纲词汇,特别是动词的一些固定的用法和搭配,例如:

> **例题7**
> A 随着　B 尝　C 春节　　D 坚持　　　E 收拾　　　F 提醒
> 7a:这是你做的饺子?真香!我先(　　)一个。
> 7b:明天可能下雨,你记得(　　)儿子带雨伞。
>
> (大纲样题)
> (正确答案:B、F)

例7a考的是动词搭配,"尝"的宾语是一些吃的东西,本题的"饺子"符合条件,因此答案为B"尝"。例7b考的是"提醒"的用法,它的常见用法是"A+提醒+B+V","你+提醒+儿子+带雨伞"符合要求,因此答案为F。在下面的考点中,我们总结了动词、形容词、副词和连词的重点词汇和用法,供大家参考。

三、考点、专项练习及题解

考点一:名词

> **例题8**
> A 包括　B 教授　C 条件　　D 保护　　　E 偶然　　　F 绝对
> 这位(　　)很受学生们欢迎。
>
> (正确答案:B)

阅读题 | 5

重点词汇：

爱情	笔记本	饼干	博士	材料	传真	窗户
词典	答案	大夫	大使馆	代表	刀	导游
地球	地址	动作	肚子	儿童	法律	范围
方法	风景	感觉	感情	个子	工具	工资
顾客	关键	观众	广告	规定	过程	海洋
汗	航班	好处	号码	盒子	猴子	护士
基础	计划	记者	技术	加油站	家具	价格
奖金	交通	饺子	教授	结果	京剧	经济
经历	警察	镜子	距离	看法	空气	垃圾桶
老虎	理想	力气	律师	毛巾	梦	密码
民族	目的	内容	能力	年龄	农村	皮肤
脾气	乒乓球	瓶子	气候	签证	墙	桥
巧克力	亲戚	情况	区别	缺点	人民币	任务
日记	入口	森林	沙发	社会	生命	狮子
食品	市场	收入	首都	售货员	数量	数字
顺序	硕士	速度	酸	态度	汤	特点
条件	通知	袜子	网球	网站	味道	温度
西红柿	洗衣机	消息	小说	笑话	效果	心情
信心	信用卡	性别	性格	血	压力	牙膏
研究生	盐	演员	阳光	样子	艺术	意见
饮料	印象	优点	友谊	羽毛球	语法	语言
原因	钥匙	杂志	责任	知识	职业	植物
质量	重点	主意	专业	自然	组织	座位

专项练习一

1. A 丰富　　B 忽然　　C 关键　　　D 坚持　　　　E 反映　　F 差不多
   要想解决这道难题，(　　)在于理清思路。

2. A 紧张　　B 至少　C 饺子　　　D 坚持　　　　E 缺点　　F 拒绝
   我妈妈特别爱吃(　　)。

3. A 紧张　　B 至少　C 饺子　　　D 坚持　　　　E 缺点　　F 拒绝
   如果你只是看到一个人的(　　)，那你将会失去很多朋友。

4. A 钥匙　　B 压力　　C 降低　　　D 坚持　　　E 扔　　F 平时
王飞最近工作（　）很大,晚上都睡不好觉。

5. A 钥匙　　B 压力　　C 降低　　　D 坚持　　　E 扔　　F 平时
你真是粗心,都忘记把（　）放哪儿了。

6. A 仍然　　B 骗　　C 猜　　　D 坚持　　　E 流利　F 饼干
肖丽,如果你饿的话就先吃点（　）吧。

7. A 翻译　　B 组织　　C 差不多　　D 坚持　　　E 方法　F 工资
只要找到原因,我们就找到了解决问题的（　）。

8. A 翻译　　B 组织　　C 差不多　　D 坚持　　　E 方法　F 工资
这个月我们工作成绩很好,公司给的奖金比（　）还高。

9. A 愉快　　B 导游　　C 实在　　　D 坚持　　　E 另外　F 顺便
他是一位（　）,所以去过很多地方。

10. A 全部　　B 本来　　C 温度　　　D 否则　　　E 酸　　F 毛巾
A:你帮我把洗手间里的（　）拿来。
B:你稍等一下。

11. A 打扰　　B 来不及　　C 温度　　D 计划　　　E 幽默　F 杂志
男:妈妈,我想去公园走走。
女:今天天气不好,你还是在家看会儿（　）吧。

12. A 聊天　　B 挺　　C 温度　　　D 颜色　　　E 耐心　F 加班
女:这件衣服的质量还可以,就是（　）我不太喜欢。
男:那我们去其他店看看吧。

13. A 预习　　B 危险　　C 温度　　　D 饮料　　　E 困　　F 印象
男:你对我女朋友的（　）怎么样?
女:我感觉她挺漂亮的。

14. A 预习　　B 危险　　C 温度　　　D 饮料　　　E 困　　F 印象
男:慧慧,我去那边买两瓶（　）,你在这里等着我吧。
女:好啊,我正好也渴了。

题解：

1. C "在于"前面应该跟一个名词性的词语，选项中能符合这一条件的只有"关键"。

2. C 题目中出现了"爱吃"这个词，所以后面肯定要跟一个食物类的名词，选项中只有"饺子"符合。

3. E 一般跟在"的"后面的都是名词性词语，而联系前后文，可以知道这里讨论的是"缺点"，而不是别的名词。

4. B 后面出现了"很大"，是形容词，所以括号里应该填名词，这里的"工作"是用来修饰后面的名词的，只有"压力"符合条件。

5. A 根据题意，考生可以知道题目是想表达"把某样东西放在什么地方"这样的思想，所以可以知道应该选择一个名词，而且必须是表示某个实际物体的名词。显然，"压力"是抽象的，而"钥匙"是实际的物体。

6. F 题目中提到"吃点"，后面肯定跟一个表示食物的名词，选项中只有"饼干"最合适。

7. E 需要找一个可以与"解决问题"相搭配的名词，选项中最合适的只能是"方法"。

8. F 首先，"比"是介词，后面应该跟的是一个名词。再根据"奖金"来看，只有"工资"这个选项是与它相照应的。

9. B "一位"是个数量词，后面应该跟一个表示人的名词，选项中只有"导游"符合。

10. F "把……拿来"，中间应该跟一个实物名词，"温度"显然是拿不了的，所以只能选择"毛巾"。

11. F "看会儿"后面应该跟一个具体的食物名词，常用的是"看电影"、"看书"、"看报纸"等等，这里只有"杂志"最符合题意。

12. D 题目中提到"我不太喜欢"，说明这里应该填一个表示衣服某方面性质的词语，在选项中，"颜色"就是最合适的选项。

13. F 结合上下文，这里应该填一个表示人物内心感觉的抽象名词，而"印象"正好符合这个条件。

14. D 前面有"两瓶"，后面肯定应该跟一个表示液体的名词，选项中"饮料"正好是液体的。

考点二：动词

例题9

A 反映　　B 陪　　C 温度　　D 堵车　　E 来得及　　F 肯定

A：我（　　）你一起去吧，可以顺便活动活动。
B：太好了，我们现在就出发。

（大纲样题）
（正确答案：B）

重点词汇：

表扬	(1)因为考了第一,老师表扬了他。 (2)他受到了老师的表扬。
干杯	来,为我们的事业干杯！
请客	都别抢了,今天我请客。
同情	小张的车被偷了,大家很同情他。
养成	我们应该养成良好的学习习惯。
安排	(1)这次活动已经安排好了。　(2)老师安排班长收试卷。
包括	这次考试包括笔试和口试两部分。
保护	保护环境是每个人的责任。
保证	我保证下次再也不迟到了。
报名	(1)这次考试我已经报名了。　(2)他想报名参加这次比赛。
毕业	(1)他毕业于北京大学。　(2)我明年才能毕业。
擦	小张正在擦玻璃。
猜	(1)我猜小红是北方人。　(2)你猜对了。
参观	我昨天参观了他们公司,真大。
尝	你尝一尝这道菜怎么样?
乘坐	欢迎大家乘坐本次航班/列车。
抽烟	抽烟有害健康。
出差	由于工作的需要,他经常去外地出差。
出发	A：你明天几点出发? B：我打算6点从家里出发。
出生	她出生于一个医生家庭。
打扮	(1)小红特别喜欢打扮。　(2)今天她打扮得特别漂亮。
打扰	现在是午休时间,别去打扰别人。
打印	他正在打印一份材料。
打折	现在商场正在打折,东西很便宜。
打针	小时候,我最怕去医院打针了。

阅读题 | 9

戴	他戴着一副黑色眼镜/一项白色帽子/一块金表。
代替	小张生病了,我代替她参加比赛。
道歉	我真心向你道歉,那天是我不对。
堵车	北京的交通状况不好,经常堵车。
翻译	(1)他正在翻译一本英文小说。 (2)她想把这本书翻译成中文。
反对	因为马上就要考试了,所以他反对举行这次比赛。
反映	考试成绩反映了学生平时的学习情况。
访问	王经理正在美国访问。
放弃	(1)她放弃了这次比赛。 (2)他放弃了参加考试的机会。
符合	产品一定要符合消费者的要求。
复印	我正在复印一些书/资料。
负责	(1)他负责此次活动。 (2)这次活动由他负责,大家都听他的。
改变	下雨了,他只好改变今天的计划/安排。
感动	大家的帮助让小王非常感动。
购物	女孩子都喜欢逛街购物。
估计	我估计这次考试不会太难。
鼓励	老师鼓励我多跟中国人交流,在她的鼓励下,我进步很快。
鼓掌	大家都在为他的精彩表演鼓掌。
挂	墙上挂着一张画。
逛	学了一天了,我想出去逛逛。
合格	这些产品质量都不合格。
后悔	考试的时候,他很后悔没认真复习。
怀疑	他跟照片上一点儿都不像,老师怀疑他是来替人考试的。
回忆	我经常回忆在北京留学的生活。
获得	他获得了成功/老师的表扬。
积累	经过这几次比赛,他积累了很多经验。
集合	明天八点在校门口集合,八点十分准时出发。
寄	我给家里寄了一封信。
继续	最近工作很忙,上周末就没休息,这个周末还要继续加班。
坚持	为了减肥,他每天都坚持跑步,已经坚持了半年了。
交	(1)大家把作业交上去了。 (2)他喜欢交朋友。
交流	我们班同学都挺爱交流,大家经常交流学习经验。
接受	我不能接受他的道歉/条件/要求。
节约	为了保护环境,大家要节约用水/用电/用纸。
解释	老师,您能解释一下这个词的意思吗?我还是不懂。

进行	(1)会议/比赛正在进行。 (2)会议上,我们将对这个问题进行讨论。
禁止	(1)教室里禁止吸烟。 (2)考试时禁止使用手机。
竞争	成功者不怕竞争。
举办	学校要举办一次晚会/运动会。
拒绝	我拒绝了他的要求/条件。
考虑	不要光想着自己,多考虑考虑别人。
咳嗽	他生病了,一直在咳嗽。
可怜	他三岁就失去了父母,大家很可怜他。
可惜	这次比赛非常重要,可惜我有伤不能参加。
肯定	老师肯定了他的进步,并鼓励他继续努力。
来不及	再不出发的话,就来不及上车了。
来得及	来得及,还有三个小时呢。
浪费	这样做完全是浪费时间/金钱。
理发	头发都这么长了,该去理发了吧。
理解	(1)我知道他为什么这么做,所以很理解他。 (2)这个句子有点儿难,很多同学都理解错了。
联系	毕业后,同学们很少跟我联系。一天,一个同学竟然主动联系我,要请我吃饭。
聊天	他喜欢在网上跟人聊天。
留学	他来中国留学已经三年了。
流泪	他的感情非常丰富,看电影的时候经常流泪。
流行	以前很流行这种打扮,但现在已经不流行了。
免费	(1)办信用卡可以免费得到一些小礼物。 (2)这些礼物都是免费的,不要钱。
陪	(1)小王心情不好,你多陪陪她。 (2)我常陪小红去逛街。
批评	这次考试,我被老师批评了/我受到了老师的批评。
骗	小东老骗人,这次又骗了我100块钱。
起飞	开往北京的航班已经起飞了。
敲	敲门的时候要有礼貌,不要太响。
商量	我想跟大家商量商量考试的事情。
失败	虽然这次我失败了,但我并没有失去信心。
适合	(1)你的皮肤白,这件衣服肯定适合你。 (2)他有点儿害羞,不适合当导游。
适应	来中国一年多了,我已经适应了这里的生活/气候/环境。
收拾	太乱了,赶紧把家里的衣服/桌子上的书收拾收拾。
熟悉	作为一名四年级的学生,他很熟悉这所大学/他对这所大学很熟悉。

信任	经理非常信任小张,重要的事情都让他办。
预习	学习新课前希望大家能预习一下课文。
约会	今天晚上我要跟小张约会。
招聘	这个公司正在招聘员工。
重视	(1)父母们非常重视孩子的教育问题。 (2)环境问题终于得到了重视。
赚	他的事业很成功,赚了很多钱。
租	我想租一辆车/一个两室一厅。

专项练习二

1. A 丰富　　B 忽然　　C 关键　　D 坚持　　E 反映　　F 差不多
   同学们有任何意见都可以向学校(　　)。

2. A 紧张　　B 至少　　C 饺子　　D 坚持　　E 缺点　　F 拒绝
   我只是想帮她把包提到车上,她却(　　)了我的帮助。

3. A 钥匙　　B 压力　　C 降低　　D 坚持　　E 扔　　F 平时
   今天天气特别冷,温度又(　　)了10℃。

4. A 钥匙　　B 压力　　C 降低　　D 坚持　　E 扔　　F 平时
   同学们要爱护环境,把垃圾(　　)到垃圾桶里去。

5. A 仍然　　B 骗　　C 猜　　D 坚持　　E 流利　　F 饼干
   你(　　)昨天谁来我们学校演出了?

6. A 仍然　　B 骗　　C 猜　　D 坚持　　E 流利　　F 饼干
   你不要(　　)我了,昨天我打电话问过医生了。

7. A 翻译　　B 组织　　C 差不多　　D 坚持　　E 方法　　F 工资
   他们(　　)这次活动的目的就是为了提高大家的想象力。

8. A 翻译　　B 组织　　C 差不多　　D 坚持　　E 方法　　F 工资
   鲁迅先生(　　)过很多外国的书。

9. A 顺利　　　B 即使　　　C 温度　　　D 发展　　E 由于　　F 开玩笑
   A：这是农村吗？我简直不敢相信我的眼睛！
   B：是呀，现在农村（　）得实在是太快了！

10. A 顺利　　　B 即使　　　C 温度　　　D 发展　　E 由于　　F 开玩笑
    A：别担心，我跟你（　）呢，你学习那么用功怎么可能不及格呢。
    B：我还真以为不及格呢。

11. A 打扰　　　B 来不及　　C 温度　　　D 计划　　E 幽默　　F 杂志
    A：今年暑假你（　）去哪里玩儿？
    B：我可能会去参观一下苏州园林。

12. A 打扰　　　B 来不及　　C 温度　　　D 计划　　E 幽默　　F 杂志
    A：哥哥，陪我一起玩儿游戏吧？
    B：哥哥现在正在看书，不要（　）我。先去找妈妈玩儿吧，一会儿哥哥就来陪你。

13. A 打扰　　　B 来不及　　C 温度　　　D 计划　　E 幽默　　F 杂志
    A：李明，你快点儿，快（　）上火车了。
    B：知道了，马上就来。

14. A 聊天　　　B 挺　　　　C 温度　　　D 颜色　　E 耐心　　F 加班
    A：你周末要（　）吗？我们不是说好回家看奶奶吗？
    B：我也没办法呀！只好下个周末再去了。

15. A 聊天　　　B 挺　　　　C 温度　　　D 颜色　　E 耐心　　F 加班
    A：你快点儿睡觉吧，不要再上网（　）了，明天还要上课呢。
    B：知道了，一会儿就睡。

16. A 预习　　　B 危险　　　C 温度　　　D 饮料　　E 困　　　F 印象
    A：明天要讲张爱玲的小说，希望你回家先（　）一下。
    B：可是您要讲哪一篇呢？

17. A 预习　　　B 危险　　　C 温度　　　D 饮料　　E 困　　　F 印象
    A：妈妈，我（　）了，想去睡觉。
    B：那你先休息，一会儿吃饭我再叫你。

阅读题 | 13

18. A 联系　　B 凉快　　C 坚持　　D 讨论　E 西红柿　F 不仅
    A：我和小李很多年没见面了，而且这么久也没有（　　）过。
    B：听说他从上海回来了，我们一起去看看他吧。

19. A 联系　　B 凉快　　C 坚持　　D 讨论　E 西红柿　F 不仅
    A：老师让我们（　　）一下这次演出的人员安排。
    B：那我们今晚九点开个会吧。

20. A 联系　　B 凉快　　C 坚持　　D 讨论　E 西红柿　F 不仅
    A：李月这几天一直生病，可是她仍然（　　）上班。
    B：她工作很认真，而且也一直很少请假。

题解：

1. E　"向学校"后面只能跟动词，而和前面"意见"相搭配的，只有"反映"，这是一个固定组合。

2. F　结合题意，这里应该填一个能与"帮助"相搭配的词，"接受帮助"和"拒绝帮助"是固定搭配。

3. C　题目中提到"温度"，并且前面又说"特别冷"，很明显是温度降低了。

4. E　根据"把垃圾"可以知道后面跟的是一个动词，根据常识应该可以判断出来这个动作应该是"扔"。

5. C　"你"是主语，联系后文可以知道这里应该填一个动词做谓语，其中最符合语义的就是"猜"。

6. B　"不要"与"我"之间应该跟一个动词，以上只有两个动词，而结合题意，"骗"更合适，也就是撒谎的意思。

7. B　题目中提到"活动"，而最常用的就是"组织活动"这个搭配了，所以应该选择B。

8. A　对于"书"这个名词，能够修饰它的词，上面只有"翻译"，"翻译书"是常用的搭配。

9. D　结合上文，知道这一题所要表达的意思是农村的变化很大，变得越来越好了，也就是"发展"得很好的意思。

10. F　根据题意，可以知道B实际上没有不及格，所以A说B不及格不是事实，所以F项"开玩笑"最符合题意。

11. D　根据B的回答可以知道，A想询问的是B关于暑假的打算，选项中只有"计划"最贴近这个意思。

12. A　根据题意可以知道，A要求正在看书的B陪自己玩，而B拒绝了，说明B不希望A"打扰"自己。

13. B　从"你快点儿"可以知道时间非常紧迫，而"来不及"就是时间不够了的意思，正好符合题意。

14. F 根据题意可以知道,原计划因为别的事情而改变,选项中符合这一事件的词只有"加班"。

15. A 括号里应该跟一个表示"上网"可以进行的活动,选项中只有"聊天"符合这个条件。

16. A "先"后面应该跟一个动词,根据题意,A说明天要讲小说,最适合的就是提前"预习"。

17. E 后面提到"想去睡觉",说明A很"困"。

18. A 前面说"很多年没见面了",后面有一个表示递进的词"而且",说明后面应该填一个程度更深的词,选项只中"联系"最合适。

19. D 根据B说"今晚九点开会",说明前面想说的是要商量一下事情,也就是"讨论"的意思。

20. C 前文说李月"这几天一直生病",所以这里用"仍然坚持上班"最合适。

考点三:形容词

例题 10

A 伤心　　　B 导演　　　C 激动　　　D 无聊　　　E 恐怕

这部电影太(　　)了,我都快睡着了。

(正确答案:D)

重点词汇:

暖和	今年冬天特别暖和。
凉快	今天挺凉快的。
有趣	这本小说/这个人挺有趣的。
成熟	他很成熟,做事情大家都放心。
诚实	她很诚实,从来不说假话。
活泼	他的性格非常活泼,对外国的同学也很友好。
伤心	他没拿到签证,很伤心/失望/难受。
吃惊	谁都没想到小王竟然考了第一,大家非常吃惊。
得意	儿子考上了北京大学,她非常得意,到处跟人说。
丰富	(1)他的感情很丰富。 (2)这个公司的产品很丰富,种类很齐全。
复杂	这台机器太复杂了,谁都不知道怎么使用。
害羞	她很害羞,不敢跟男生说话。
厚	今天这么热,怎么还穿这么厚的衣服?
激动	见到自己喜欢的歌星,他非常激动。

积极	他在课堂上非常积极,经常向老师提问。
紧张	第一次参加HSK考试,我有点儿紧张。
精彩	今天的京剧表演/电影非常精彩。
旧	你这衣服也太旧了,穿了几年了?
困	昨晚没睡好,今天上课的时候特别困。
懒	他是个懒学生,从来不预习课文。
冷静	遇到突发事件时一定要冷静。
流利	他能说一口流利的汉语。
美丽	这儿的景色非常美丽。
轻松	预习课文的同学上课时会很轻松。
热闹	过春节的时候,大街上非常热闹。
软	奶奶牙不好,吃不了硬东西,只能吃软的东西。
顺利	这次办签证非常顺利,很快就办好了。
无聊	放假了,我一个人在家没事干,很孤单,很无聊。
详细	老师讲得很详细,同学们都懂了。
严重	他的病/问题很严重。
勇敢	他很勇敢,把坏人吓跑了。
愉快	这次旅行非常愉快。
脏	快把房间收拾收拾,太脏了。
窄	这条路太窄了,只能过一辆汽车。
整齐	她喜欢收拾屋子,家里非常整齐。
正常	最近工厂里没出什么问题,一切都很正常。
正确	他的回答是正确的。
著名	北京大学是中国最著名的大学。
准确	他的发音非常准确,跟中国人一样。
仔细	他做事情非常仔细,非常认真。
安全	出去旅游带很多钱不安全。
成功	北京奥运会非常成功。
干燥	北京的冬天非常干燥,要多喝水。
孤单	他一个人来北京留学,没有朋友,非常孤单。
骄傲	他考了100分之后就变骄傲了,认为谁都没他聪明。
苦	我不喜欢吃中药,太苦了。
辣	四川菜比较辣。
浪漫	他经常送花给女朋友,非常浪漫。
马虎/粗心	他太马虎/粗心了,考试忘了写名字。
耐心	我的老师很耐心。
危险	酒后别开车,很危险。
幽默	他很会讲笑话,是个幽默的人。

专项练习三

1. A 丰富　　B 忽然　　C 关键　　D 坚持　　E 反映　　F 差不多
   他当老师已经有四十年了,经验非常(　　)。

2. A 紧张　　B 至少　　C 饺子　　D 坚持　　E 缺点　　F 拒绝
   面对着那么多人讲话,你不知道当时我有多(　　)。

3. A 仍然　　B 骗　　C 猜　　D 坚持　　E 流利　　F 饼干
   你的汉语说得真(　　),是谁教你的呀?

4. A 愉快　　B 导游　　C 实在　　D 坚持　　E 另外　　F 顺便
   这次旅游真的很(　　),我认识了好多朋友。

5. A 全部　　B 本来　　C 温度　　D 否则　　E 酸　　F 毛巾
   A:这是什么味道啊?还能吃吗?
   B:不行,都(　　)了,不能吃了。

6. A 全部　　B 本来　　C 温度　　D 否则　　E 酸　　F 毛巾
   A:今天超市里的西红柿(　　)都卖完了。
   B:那就买点儿水果吧。

7. A 顺利　　B 即使　　C 温度　　D 发展　　E 由于　　F 开玩笑
   A:李医生,手术进行得怎么样?我朋友有没有生命危险啊?
   B:放心吧,一切都很(　　),她已经脱离生命危险了。

8. A 打扰　　B 来不及　C 温度　　D 计划　　E 幽默　　F 杂志
   A:李红真(　　),每次都能带给大家快乐。
   B:是啊,我也很喜欢和她在一起工作。

9. A 聊天　　B 挺　　C 温度　　D 颜色　　E 耐心　　F 加班
   A:小丽,你要(　　)点儿,他还是个孩子。
   B:可我都教他三遍了,他怎么还是不会啊。

10. A 预习　　B 危险　　C 温度　　D 饮料　　E 困　　F 印象
    A:儿子,你不要到河边玩儿,那里很(　　)。
    B:知道了妈妈,我去小亮家玩儿。

11. A 联系　　B 凉快　C 仍然　D 讨论　E 西红柿　　F 不仅
　　A：最近太热了，今天的雨真让人觉得(　　)。
　　B：是啊，等雨停了，我们可以出去走走。

题解：

1. A　前面说"他当老师已经有四十年了"，说明时间很长了，按照常识他的经验应该很"丰富"。
2. A　面对很多人讲话时，当时的心情应该是"紧张"。
3. E　形容说话怎么样，常用的是"流利"，就是很熟练、很地道的意思。
4. A　根据后面说"我认识了好多朋友"，说明对于这次旅游是很满意的，所以应该用一个褒义词来形容，选项中"愉快"是最合适的。
5. E　这里用来形容已经不能吃了的食物的味道，应该是"酸"味，是食物变质的味道。
6. A　根据题意，可以知道西红柿卖完了，用来形容卖完的程度，只有"全部"。
7. A　从"放心吧"可以知道，手术很成功，所以只有"顺利"最合适。
8. E　根据后面说李红"每次都能带给大家快乐"，可以知道她应该是个很"幽默"的人。
9. E　根据题意可以知道，这是在讨论教育孩子的问题，所以最合适的形容词应该是"耐心"。
10. B　本题中，母亲提醒儿子"不要到河边玩儿"，后面需要填的是原因，根据常识可以知道那里很"危险"。
11. B　前面说天气太热了，所以下雨会让人觉得"凉快"。

考点四：副词

例题11

A 反映　B 陪　C 温度　D 堵车　E 来得及　　F 肯定
A：这些瓶子的数量对吧？
B：我都仔细检查过了，(　　)没问题。

（大纲样题）
（正确答案：F）

重点词汇：

| 按时 | 按照规定的时间。
他每天按时上班，从来不迟到。 |

从来	表示从过去到现在情况一直都是这样。 他从来不做运动,从小就这样。	
本来	表示以前的情况,常和现在的情况形成对比。 我本来挺白的,后来晒黑了。	
重新	又一次。 上次作业老师不满意,让我重新写一遍。	
大概/大约	表示对范围、程度或情况的非精确估计。 屋子里大概/大约有四五十人。	
到处	各个地方。 中国的春节非常热闹,街上到处都是人。	
刚刚	表示某一动作或事情发生在不久之前。 王经理刚刚出差回来。	
共同	表示人们同时做某事。 这个项目将由两所大学共同申请。	
故意	知道行动会产生什么结果,但仍然要去做。 我故意不理她,就是想气气她。	
果然	表示事实和以前想的一样。 今天上午天就不好,下午果然下起雨来。	
互相	表示两人或多人的动作作用在对方身上。 同学之间应该互相帮助。	
极其	非常,表示程度很高。 这个老师的要求极其严格,学生们很怕他。	
竟然	表示自己没想到会发生这样的情况。 大家谁都没想到,这次考试竟然会这么简单。	
究竟/到底	表示追问。 你说了半天也没说清楚,究竟/到底出了什么事?	
恐怕	表示有可能,多为不好的事情。 他这么长时间还没出来,恐怕是真出事了。	
也许	表示有可能。 他今天没来上课,也许是生病了。	
难道	用来加强反问的语气。 这么简单的道理,你难道还不明白?	
偶尔	有时候。 他经常踢足球,偶尔也打打乒乓球。	
仍然	表示情况不变。 这么多年过去了,他仍然是那么受欢迎。	
实在	表示肯定。 十几年没联系了,我实在想不起来他的名字。

顺便	做某事的过程中又做另一件事。 你这次出国顺便给我买个电脑。
往往	表示某种情况或行为经常发生。 聪明人往往会犯一些简单的错误。
永远	表示从现在到以后,情况都是一样的。 光说不做的人永远都不会成功。
尤其	表示更进一步。 她的成绩非常好,尤其是写作课,经常得满分。
原来	(1)从前。 他原来对中国文化很感兴趣,现在更关注中国的经济。 (2)表示发现了以前不知道的情况,常跟"怪不得""以为"连用 原来你是在中国长大的,怪不得汉语那么好。 原来你是生病休学了,我还以为你不上了呢。
暂时	表示短时间的。 他有点儿累,暂时不想看书了。
只好	表示没有别的办法或选择。 很多考试没通过,他只好退学了。
至少	表示往少里说。 要想去中国留学,四级至少要考到180分。
逐渐	表示事物随着时间慢慢发生变化。 经过几个月的学习,他的听力水平逐渐有了提高。
专门	表示专做某事。 留学生办公室是专门为留学生服务的。
最好	表示最合适的做法或最大的希望。 明天最好别刮大风,我们好骑车去玩儿。
好像	表示可能,不太肯定。 他妈妈好像是老师,我记不太清了。

专项练习四

1. A 丰富　　B 忽然　　C 关键　　D 坚持　　E 反映　　F 差不多
王晓明和李志刚长得非常像,而且年龄也(　　)。

2. A 丰富　　B 忽然　　C 关键　　D 坚持　　E 反映　　F 差不多
刚才还晴空一片呢,(　　)就下起了大雨。

3. A 紧张　　B 至少　　C 饺子　　D 坚持　　E 缺点　　F 拒绝
这所学校的在校学生非常多,(　　)也有六千名。

4. A 钥匙　　B 压力　　C 降低　　D 坚持　　E 扔　　F 平时
张丽丽(　　)都是骑自行车去上班,今天却是坐出租车去公司的。

5. A 仍然　　B 骗　　C 猜　　D 坚持　　E 流利　　F 饼干
虽然比赛没有成功,但我(　　)很开心,因为我认识了他。

6. A 翻译　　B 组织　　C 差不多　　D 坚持　　E 方法　　F 工资
因为比赛要求高,所以我(　　)决定放弃了。

7. A 愉快　　B 导游　　C 实在　　D 坚持　　E 另外　　F 顺便
我要去还书,你的要还吗?我可以(　　)帮你带过去。

8. A 愉快　　B 导游　　C 实在　　D 坚持　　E 另外　　F 顺便
我(　　)吃不下了,先放到冰箱里吧,等我下班回来再吃。

9. A 全部　　B 本来　　C 温度　　D 否则　　E 酸　　F 毛巾
A:这次的唱歌比赛你参加吗?
B:我(　　)是要参加的,可是我感冒了。

10. A 聊天　　B 挺　　C 温度　　D 颜色　　E 耐心　　F 加班
A:你的房间还(　　)整齐的,是不是知道我要来刚刚收拾的呀?
B:当然不是了,我这儿天天都这么干净整齐。

题解:

1. F　前面说"长得非常像",后面说到年龄时用了"也",说明和长相的情况类似,也就是也很相似,所以应该选择"差不多"。
2. B　开始的时候说"刚才还晴空一片呢",说明雨下的很突然。而这里需要的是一个副词,表示"突然"的副词就是"忽然"
3. B　这里是对在校人数的大概估测,常用的就是"至少"加人数。
4. F　后面说"今天却坐出租车去公司的",说明和过去习惯不一样,也就是和"平时"不一样。
5. A　根据题意可以知道,括号里需要填一个表示转折的词,前面说比赛没有赢,但后面又说自己"很开心",选项中最合适的就是"仍然"。

6. C 这里需要一个副词来对自己"决定放弃"这个决定的程度进行修饰。选项中是程度副词的只有"差不多"。

7. F 前面交代自己要去还书,又说要帮对方还,说明这是"顺便"的事。

8. C 根据题意,要表达的是自己已经很饱了,不想吃东西了,所以需要一个描述自己状态的程度副词,选项中"实在"最符合题意。

9. B B后面用了"可是"一词,说明前后文意发生了转折,所以应该用"本来"这个词表示自己最初的意图。

10. B 这里需要一个副词来描述"整齐"的程度,而"挺"是口语中使用非常普遍的副词。

考点五:连词

例题12

A 奇怪　　B 亲戚　　　C 使用　　　　D 完全　　E 尽管　　　　F 停止

(　)小李有这样那样的缺点,但是王月月还是那么喜欢他。

(正确答案:E)

重点词汇:

无论	表示在任何条件下结果或结论都一样,用在条件复句的开头。 无论遇到什么困难,我都不会放弃。
尽管	跟"虽然"接近,表示转折,后一句常有"但、可是、却"等词语。 尽管这个公司不大,却非常赚钱。
否则	表示如果不这样,一般在后一个分句的主语前。 你必须办好护照和签证,否则出不了国。
另外	表示除了前边说的内容或情况外,还有别的。 多带点儿钱在身上,另外把信用卡也带上。
其次	表示在时间、次序上居后或重要性方面居于次要地位。常用"首先、其次、再次"表示顺序。 中国最受欢迎的篮球明星是姚明,其次才是易建联。 中日两国首先是互利互惠的伙伴,其次才是竞争对手。
然而	用在后一分句的开头表示转折。 他很富有,然而并不快乐。
不过	用在后一分句的开头,表示转折同时还起到补充说明的作用。 这个菜味道不错,不过稍微咸了点儿。

即使	表示让步,常用在前一分句里,提出一个假设的情况,然后后一分句强调不受此情况的影响。 即使明天下雨,我也要去踢球。
既然	用在第一个分句的开头,表示先提出前提,而后加以推论。 既然你不想去,就别去了。

专项练习五

1. A 愉快　　B 导游　　C 实在　　D 坚持　　E 另外　　F 否则
   你得先交一份申请书,(　　)把这份材料多看看,对你有帮助。

2. A 全部　　B 本来　　C 温度　　D 否则　　E 酸　　F 毛巾
   A:你快走吧,(　　)就没有车了。
   B:没关系的,还有时间。

3. A 顺利　　B 即使　　C 温度　　D 发展　　E 由于　　F 开玩笑
   A:为了实现理想,(　　)放弃现在所有的成就,我也愿意。
   B:你真了不起!有这么大的勇气。

4. A 联系　　B 凉快　　C 仍然　　D 讨论　　E 西红柿　　F 不仅
   A:她(　　)工作努力,而且人也很好,经常帮助我。
   B:是的,我也喜欢她。

5. A 尽管　　B 可是　　C 无论　　D 既然　　E 整齐　　F 流行
   张东本来已经打算放弃了,(　　)李红的话让他改变了主意。

6. A 尽管　　B 可是　　C 无论　　D 既然　　E 整齐　　F 流行
   这家饭店24小时营业,(　　)什么时候来,都能吃到美味的饭菜。

7. A 尽管　　B 可是　　C 无论　　D 既然　　E 整齐　　F 流行
   你(　　)想当翻译,就应该学好外语。

8. A 尽管　　B 可是　　C 无论　　D 既然　　E 整齐　　F 流行
   (　　)他个子很矮,跳得却很高。

题解：

1. E 题中提到"先交一份申请书"，说明"把这份材料多看看"是别的要求，也就是"另外"所常用的情况。

2. D 根据题意，这里需要一个表示假设的连词连接前后句，选项中只有"否则"最合适，用来表示可能发生的事情。

3. B 这里需要一个表示条件的连词连接后面所要交代的条件，选项中只有"即使"是用于连接条件复句的。

4. F 通常与"而且"连用的是表示递进的连词"不但"，而这里能够表示递进的只有"不仅"，也就是不但的意思。

5. B 张东先是"准备放弃"，后来又"改变了主意"，前后有一个转折关系，选B。

6. C 本题中的饭店24小时全天营业，任何时间来都可以吃饭，所以应选"无论"，表示任何条件都可以。

7. D 本题前一个分句引入了一个前提"你想当翻译"，后一个分句讲的是"相当翻译"要满足的条件"应该学好外语"，所以本题应该选"既然"，它常用在前一个分句里，表示先提出前提，而后一个分句则是加以推论。

8. A 本题中，"个子很矮"和"跳得很高"形成转折，应该选"尽管"，与"虽然"的意思很相近，主要用在第一个分句前。

第二部分 排列顺序

一、题型介绍

排序题是HSK四级试卷中阅读的第二部分,共十题,试题中有A、B、C三个打乱顺序的散句,要求考生用自己的汉语知识,结合题中的提示信息,排列出A、B、C三句话的正确顺序。例如:

> **例题1**
> A:可是今天起晚了
> B:平时我骑自行车上下班
> C:所以就打车来公司
>
> (大纲样题)
> (正确答案:BAC)

这类题主要考查考生的阅读能力,对词语,特别是关联词语的掌握情况。这类题所包含的内容面很广,既可以是生活中的日常话语,也可以是专业性的科学知识,这就增加了对考生长句子阅读能力的考查,是否能完全读懂句子大意、是否会衔接前后句尤其重要。

基本题型是把一个较长的句子分成A、B、C三个小句,由考生根据题目中出现的关联词、代词、时间词、空间词以及逻辑推理,得出句子的正确排列顺序,从而整理出一个正确的长句子。

二、考点、专项练习及题解

考点一:关联词语

关联词语是指复句中用来联结分句与分句,标明分句与分句之间的关系的词语。由此可知,在排序题中,关联词语的出现可以说等于无形中对句子的顺序做了排列。因此,考生应该首先弄懂一些常用关联词的意思,这对做排序题是很有帮助的。

常见的关联词语有:

1. 转折关系

常用关联词语	意义	例句
A,但是/可是/然而 B	B 与 A 是对立的关系,或是限制、补充 A	张丽长得很漂亮,但是个子有点儿矮。
A,不过 B	B 补充、修正 A,比"但是"轻	这座城市很繁华,不过由于车太多,路上经常堵车。
A,只是 B	B 补充修正 A,表示轻微转折	许晴是个很好相处的人,只是平时有些害羞。
A,就是 B	确定 A,排除 B	杭州的风景很美,就是东西太贵了。
A,其实 B	B 与 A 是相反的意思,或者是修正补充 A	张东花了 2000 块买了件皮大衣,他觉得很便宜,其实他买贵了。
A,而 B	B 是和 A 相对或相反的意思	李清长得很瘦,而他哥哥却长得很胖。

转折表示某个事物的转变、变化。在排序题中,往往表示前后句子间意义相对或相反,由此可以确定句子的先后顺序。

> **例题 2**
> A:是父母的鼓励给了她信心
> B:其实她小时候很普通
> C:让她后来终于成了一位优秀的演员
>
> (大纲样题)
> (正确答案:BAC)

通读三个分句,很容易发现 B 句有个表示转折的关联词"其实"。这就说明本题会出现两个表示相反意思的分句,也就是"她小时候很普通"和"她后来终于成了一位优秀的演员",而 A 句"是父母的鼓励给了她信心"就是导致由 B 句到 C 句发生的原因,所以顺序就是 BAC。

2. 因果关系

常用关联词语	意义	例句
因为A,所以/就/才B	A是原因,B是结果	因为今天晚上我要开会,所以不能陪你去看电影了。
(由于)A,因此/因而B	A是原因,B是结果	春天来了,天气变暖了,因此花园里开了好多花,漂亮极了。
A是由于/是因为B	A是结果,B是原因	今天他上班迟到是因为路上堵车了。
之所以A,是因为B	A是结果,B是原因	小亮之所以感冒是因为昨天晚上淋雨了。
既然A,那么/就B	A是现实或前提,B是根据A得出的结论	既然银行下班了,那么我们就明天上午再来取钱吧。
A,结果B	A是动作、行为或现象,B是结果	本来我只是想试试看,结果考了第一名,真是没想到啊!

因果关系在排序题中非常常见,顾名思义,因果关系表示的就是原因和结果的关系。一般而言,表示原因的句子会放在表示结果的句子前面。

> **例题3**
> A:因为工作的需要
> B:所以我去过那里几次
> C:对当地的文化有一些简单的了解
>
> (大纲样题)
> (正确答案:ABC)

这一题中直接给出了"因为"、"所以"两个词,所以很容易判断B句排在A句后面,而C句很明显是对B句的进一步解释,所以应排在最后。

3. 递进关系

常用关联词语	意义	例句
B比A更/还……	B比A程度高	敏敏考上了大学,妈妈比她还高兴呢!
越A越B	B跟着A改变	学汉语要慢慢来,越着急越学不好。
不但A,也/还/而且B	B比A更进一层	小双不但长得漂亮,学习还很好。
不但A,更B	B比A更进一层	这本书不但知识丰富,更让人高兴的是它很容易理解。
不但A,甚至B	B比A更进一层	昆明的冬天不但暖和,甚至还有很多鲜花开放。
A并且B	B比A更进一层	病人应该多喝水,并且适当地增加休息的时间。

所谓递进,就是指句子间的程度是依次加深,逐步前进的。由此可以知道,在排序题中,涉及递进关系的题目,后一句总是比前一句程度更深。

> **例题4**
> A:茶不仅仅是一种饮料
> B:它在中国有着几千年的历史
> C:而且还是一种文化
>
> （大纲样题）
> （正确答案:ACB）

题目中出现了"不仅仅"和"而且",这是一个程度上的逐步深化,所以可以知道A在C的前面,B中出现了代词"它",很明显,是指代前面"茶"的,所以应放在两句后面。

4. 并列关系

常用关联词语	意义	例句
既A又B 又A又B	A、B都包括	这个节目既能给人带来乐趣,又能让人增长见识。
A,另外B	A是一种情况,B是补充或在A的范围外	平时我们要多锻炼身体,另外也要适当地增加营养,以提高身体的免疫力。

并列关系表示句子或词语之间具有的一种相互关联,或是同时并举,或是同地进行的关系。它可以是相互关联的不同事物,也可以是同一事物的不同方面,还可以是同一主体的不同动作。

> **例题5**
> A:刘欢既是一位老师
> B:他在中国非常有名
> C:又是一位明星
>
> （正确答案:ACB）

题目中提到刘欢"既是老师"、"又是明星",这两者是并列的,而"既是"要放在"又是"前面,所以A句和C句连在一起,且A句放在前面。B句是对"刘欢"的进一步描述,并且使用了人称代词"他",故应放在句尾。

5. 选择关系

常用关联词语	关联词意义	例句
A还是B	在A、B中选择一个	你是想考浙江大学还是复旦大学？
A，要不B	A是一种情况，B提供一个选择	帮我买个鸡蛋，要不买个面包也行。
不是A，就是B	只有两个选择，不是A一定是B	我们班主任不是张建老师，就是李红霞老师。
A，只好B	A是一种情况，B是被迫做出的选择	博物馆还没开门，他们只好去体育场放风筝了。

选择关系就是在某几种情况中作出选择，在排序题中，通常以二者选其一的方式出现。

> **例题6**
> A：就是在球场打羽毛球
> B：平常没课的时候
> C：他不是在图书馆看书
>
> （正确答案：BCA）

题目中C句出现了"不是"，A句出现了"就是"，二者构成了选择关系，而"不是"要放在"就是"前面。B句是构成这个选择关系的前提，所以应放在最前面。

6. 承接关系

常用关联词语	意义	例句
先A再B	A完了以后B	你先把饭吃了再喝感冒药。
A接着B	A完了以后B	小志先吃了一个香蕉，接着又吃了一个苹果。
A然后B	A完了以后B	我们看完医生然后再去新华书店买书。
一A就B	A发生，B接着就发生	王老师一进教室，同学们马上就安静了下来。

承接也就是承前接后，是对动作发生顺序的连接。在排序题中，如果遇到承接类型的题目，首先应该搞清楚动作发生的先后顺序，这样就好做多了。

例题7

A：大学毕业之后
B：再去考研究生
C：我想先在一个大公司工作两年

（正确答案：ACB）

这一题中，出现了"先"怎么样，"再"怎么样的情况，所以很容易根据这种先后顺序对B、C两句作出排列，而A句"大学毕业之后"是后面发生动作的前提条件，所以很明显应该放在第一位。

7. 条件关系

常用关联词语	意义	例句
只要A就B	A是B发生的某种条件	只要你肯努力，梦想就能实现。
只有A才B	A是B发生的唯一条件	只有认真工作的人，才会体会到工作的乐趣。
无论/不管A，都/也B	A是任何一种情况，B是结论或结果，A不影响B	无论天气多热，新生都要到操场去军训。

所谓条件关系，是指某件事是另一件事发生的条件，这种条件可以是唯一性的，也可以不是唯一性的；可以是必然性的，也可以是任意性的。在排序题中遇到这类题型时，关键是要找准条件与结果，由此得出正确的顺序。

例题8

A：还是从材料的质量上看
B：无论从价格方面看
C：这种盒子都是值得考虑的

（大纲样题）
（正确答案：BAC）

在这一题中，出现了"无论"、"都"这对表示条件关系的词语，所以可以很容易得出B在C前面的结论，而A句很明显是对B句的延伸，都是对"盒子"进行说明的，所以应该紧跟B句之后。

8. 目的关系

常用关联词语	意义	例句
A 为的是 B	A 是办法、手段，B 是目的	石军刻苦读书为的是将来能有一份好工作。
为了 A，B	A 是目的，B 是办法、手段	为了给家里减轻经济负担，他放弃了上大学的机会。

目的关系，从名称上就可以知道它主要表示办法与目的间的关系。通常在排序题中，会出现表示办法、手段的分句和表示目的的分句，这个时候只要理清它们的关系就很容易得出结论。

> **例题 9**
> A：为的是将来能成为一名优秀的医生
> B：他努力学习
> C：来帮助更多的人
>
> （正确答案：BAC）

在这一题中，从"为的是"一个短语就可以知道其中暗含了办法与目的，而通常"为的是"后面跟的是目的，所以前面就需要找到一个实现这个目的的办法，也就是 B 项"努力学习"。而 C 句"帮助更多的人"则是对目的的扩展，也可以归为目的，所以应放在 A 句后面。

9. 假设关系

常用关联词语	意义	例句
如果 A，那么/就 B	A 出现，可以推断 B	如果按计划进行，那么我们就该离开这里了。
要是 A，那么/就 B	A 出现，可以推断 B	要是你没写完论文，就下周再交吧。
假如 A，那么/就 B	A 出现，可以推断 B	假如明天天气好的话，我们就去香山看枫叶吧。

假设关系，就是指提出一个假定性的条件，由此推导出可能导致的结果。在做这种题时，只要找出假定性的条件和结果就可以得出大概的先后顺序了。

> **例题 10**
> A：如果周末李强感冒好了
> B：我们就一起去北京玩儿吧
> C：听说那里周末有京剧演出
>
> （正确答案：ABC）

在A句中,出现了"如果"一词,它通常都是用来表示假定性的条件。而B句中出现了"就"怎么样,这是对前面假定性条件作出了结果推导,所以两句应该放在一起,且A句应在B句前面。而C句是对B句的解释,所以应该放在B句后面。

10. 让步关系

类型	常用关联词语	关联词意义	例句
让步假设	就是/即使A也B	A是假设,可能是极端情况,B是结果或结论,A不影响B	即使我现在从南京赶回去,也解决不了你的问题呀。
	再A也B	A是一种假设,A不影响B	李老板再怎么有钱,也不能无视法律。
让步转折	虽然A,但是/可是/还是/仍然/却B	A是事实,但是B不因为A而成立	虽然没有考上大学,你仍然要继续努力学习。

让步关系分为两种情况:一个是让步假设,就是提出一个假定性的前提,并说明这一前提不影响事实的发展;还有一种情况就是提出一个现实性的前提,并进一步说明这个前提不会影响事实的发展。

> **例题 11**
> A:因为他特别聪明
> B:虽然他总是很马虎
> C:但老师们却非常喜欢他
>
> (正确答案:ACB)

这一题很容易被考生误认为是考查因果关系的,其实如果仔细阅读就会发现这是对让步关系的考查。因为B句中的"虽然"引导的其实是一个现实性的条件,而C句中的"但"表明了这一条件对"老师们却非常喜欢他"这一事实不构成影响,所以两句应放在一起,且B句在C句的前面。A句是对前面这一现象进行的解释,所以要放在最后。

11. 其他常用关联词语

常用关联词语	意义	例句
究竟/到底 A	A 表示追根究底得出的结论,重复肯定重要的或正确的事实,含有否定别人不重要的或错误的结论	你究竟想让他怎么样才肯原谅他?
A,不得不/只好 B	A 表示事实,B 表示被迫做出的选择	生活费不够了,我不得不省吃俭用以撑到下个月初。
当然 A,可是 B	A 是事实,承认 A,但是 B 不一定成立,比"虽然"语气轻	选择出国留学当然很好,可是如果可以在国内发展也是不错的。
A,当然 B	B 表示对 A 的补充或修正	成功主要靠自身努力,当然机会也很重要。
果然 A	A 是与所说的或者预料相符的事实	天气预报说今天有雨,下午果然下起了大雨。
忽然/突然 A	A 是发生得迅速又出人意料的情况	早上天气很好,中午忽然/突然下起了大雪。
竟然 A	A 表示出人意料的情况	小王学习最认真,竟然没通过考试。
可惜 A	A 表示值得惋惜的情况	今晚的球赛肯定很精彩,可惜我没法看。
A,其中 B	A 是范围,B 在 A 的范围内	中国有很多电影明星,其中成龙最受欢迎。

例题 12

A：昨天我和同事去逛街
B：可惜没我穿的号了
C：我看上了一双挺漂亮的鞋,还打折

（大纲样题）

（正确答案：ACB）

在这一题中,由 B 句"可惜"可以知道这是在对某种情况表示惋惜,所以前面肯定应该有一个可惜的对象,通过阅读可以知道是对"没我穿的号了"这一情况表示惋惜。那为什么会可惜呢？很明显是因为 C 句里提到的鞋子"挺漂亮,还打折",所以这就构成了可惜的原因,应该放在 B 句前面。A 句是一个大的时间、事件背景,很明显应该放在最前面。

专项练习一

1. A 他都是最合适的人
   B 还是从经验来看
   C 无论从能力来看

2. A 随着生活水平的提高
   B 更关心精神生活的丰富
   C 人们不再只考虑物质生活的好坏

3. A 所以大家要多穿点儿衣服
   B 同学们请注意
   C 最近两天要降温

4. A 尽管已经失败了三次
   B 终于通过了考试
   C 他还是不肯放弃

5. A 但是早饭很重要
   B 人们经常忘记吃早饭
   C 由于工作太忙

6. A 因为他特别聪明
   B 虽然徐青很马虎
   C 但老师们却非常喜欢他

7. A 所以你还是快点儿过去吧
   B 而且她看起来好像很着急的样子
   C 王老师叫你去办公室一趟

8. A 最后我还是决定不买了
   B 但是价钱太贵了
   C 虽然我很喜欢这个沙发

9. A 月华这个人不仅很诚实
   B 所以大家都很喜欢他
   C 还经常帮助别人解决难题

10. A 不仅汉语说得很流利
    B 而且还知道好多中国的节日
    C 她来中国好几年了

11. A 所以我就和同学去外边上网了
    B 今天我本来想先去借几本书
    C 可是图书馆周末晚上不开门

12. A 但是周末我要加班
    B 只能让李强自己过去了
    C 很高兴你能邀请我们

13. A 这家宾馆的工作人员态度不错
    B 就是价钱太贵了
    C 房间也很干净

14. A 要不我们先去上课
    B 等下课了我们再来取
    C 今天来银行取钱的人真多

15. A 但这里到处都是鲜花
    B 尽管春天还没到
    C 风景美极了

16. A 终于放暑假了
    B 我们就一起去上海旅游吧
    C 如果暑假期间天气不热的话

17. A 虽然我知道是自己错了
    B 因为我怕她不原谅我
    C 但就是不敢向她道歉

18. A 我特别不适应唐山的天气
    B 但是气候实在是太干燥了
    C 虽然春天这里也很美丽

19. A 最重要的是可以学很多知识
    B 还可以交许多朋友
    C 上网不仅可以买东西

20. A 这本小说的确很好看
    B 否则明天就不能认真考试了
    C 可是现在我必须要睡觉了

21. A 我们终于找到了解决问题的方法
    B 经过大家的共同努力
    C 所以这个任务马上就要完成了

22. A 如果周末李强感冒好了
    B 我们就一起去北京玩儿吧
    C 听说那里周末会有音乐演出

23. A 所以我很喜欢这里
    B 但它是我从小长大的地方
    C 虽然保定的风景不是特别美丽

24. A 不但要求内容有趣
    B 还应该有一定的教育性
    C 一个优秀的电视节目

25. A 其实只要两个人性格上互相吸引
    B 就能幸福地生活在一起
    C 年轻人都想有一段浪漫的爱情

26. A 因为我的感冒已经很严重了
    B 少喝冷的饮料
    C 所以医生让我多喝点儿热水

27. A 既然现在还早
    B 我们等会儿再去车站吧
    C 你就把行李箱再检查一下

28. A 这条小路虽然比较近
    B 但还是没有大路安全
    C 天快要黑了

29. A 可是他对我的鼓励
    B 尽管他没有给我太多的帮助
    C 却给了我继续努力的动力

30. A 而且还影响人的精神
    B 所以我们要保证一定的休息时间
    C 休息不好不仅不利于人的身体健康

31. A 就可以让更多的阳光照进来了
    B 这个房间的窗户实在太小了
    C 如果再大一点儿的话

32. A 否则就会浪费更多的时间
    B 还要重视质量
    C 做事情不仅是速度要快

33. A 而且每天都坚持做运动
    B 尽管我每天都吃的很少
    C 可是减肥效果还是不大

34. A 学习虽然是一件很辛苦的事
    B 但是只要有耐心就会有好的成绩
    C 也会积累很多经验

题解：

1. C B A　出现了"无论"和"还是"，这是并列结构，所以C一定放在B前，而A句是个总结，所以顺序应该是CBA。

2. A C B　出现了"只"和"更"，表示程度的递进，所以C在B前面，A是其他两句的前提，所以放在最前面。

3. B C A　题中出现了表示转折的"所以"，说明C是A的原因，应在前面。而B是交代说话的前提，放在最前面。

4. A C B　"终于"表示最后结果，应放在最后。"尽管"和"还是"表示转折，所以顺序应是ACB。

5. C B A　"由于"表原因，放在最前面，"但是"表转折，说明和事实不一致，放在最后。

6. B C A　"虽然""但是"表转折，应紧挨着排列，A句是解释前面两句的原因，故放在最后。

7. C B A　"而且"是对C句事情的补充说明,A句的"所以"是对前面两句的总结性描述,所以放在最后。

8. C B A　"虽然"和"但是"构成转折句,所以CB两句连在一起,A句的"最后"表明这一句是在做最后陈述。

9. A C B　题中A句出现"不仅",C句出现"还",说明这两句应该连在一起表示递进,B句是在做总结。

10. C A B　A句的"不仅"和B句的"而且"构成递进复句,所以应该连在一起,C句是其他两句的前提,所以放在最前面。

11. B C A　C句出现了"可是",说明是对前面某句话的转折,也就是对B句的转折,而A句是对前面两句的解释。

12. C A B　C句是在最前面,交代事情的起因,A句表示转折,说明不能接受邀请,B句是解决这件事情的最终办法。

13. A C B　C句的"也"表示对前一句的递进,也就是紧跟在A之后,B句的"就是"表示转折,放在最后。

14. C A B　A句的"要不"表示针对C的另一个选择,而B是紧接着A发生的补充说明。

15. B A C　B句的"尽管"和A句的"但"表示让步转折,所以B在A前面,而C句没有主语,说明它的主语和A句的一样,都是"这里",所以应该放在A句后面。

16. A C B　A句是交代了时间,放在最前面,C句的"如果"和B句的"就"构成了选择复句,所以C在B前面。

17. A C B　A句的"虽然"和C句的"但"应该放在一起表示转折,B句的"因为"是对前面两句的解释。

18. A C B　A句提到"唐山",是三句话共同的话题,应该放在最前面,C句的"虽然"和B句的"但是"构成了转折复句,所以C句在B句前面。

19. C B A　C句的"不仅"和B句的"还"构成递进复句,A句出现"最重要",一般最高级放在最后。

20. A C B　C句的"可是"是对A句的转折,B句的"否则"是对C句可能造成的结果的猜测。

21. B A C　B发生在A句之前,是A句发生的原因,C句是前面两句产生的结果,所以放在最后。

22. A B C　A句的"如果"和B句的"就"构成假设复句,所以A在B前面。C句是对B句的一个补充说明,放在最后。

23. C B A　C句的"虽然"和B句的"但是"表示转折的意思,A句是对整句话做的总结。

24. C A B　C句是主题,所以放在最前面,A句的"不但"和B句的"还"构成了递进句,所以为CAB。

25. C A B　C句是整个大句子的中心,交代了主题,所以放在最前面。而A句的"只要"和B句的"就"构成了条件复句,所以放在一起。
26. A C B　A句和C句构成因果关系,B句是接着C句说的,也是医生的建议。
27. A C B　A句的"既然"和C句的"就"构成了原因复句,B句是C句的继续。
28. C A B　C句是其他两句讨论的前提,A句的"虽然"和B句的"但"表明了句意的转折。
29. B A C　B句的"尽管"和A句的"可是"表示转折,C句是A句的继续。
30. C A B　C句提到了"不仅",A句提到了"而且",说明是递进的,B句对前面做了总结。
31. B C A　B句提到的"窗户"是整个大句子的主题,放在最前面。后面C句的"如果"和A句的"就"构成了假设复句,C句是A句的前题。
32. C B A　"不仅"和"还要"表示并列关系,"否则"表示如果不怎么样做,会出现的情况。
33. B A C　"尽管"表示转折,"而且"是对B句的递进陈述,最后跟"可是"表示最后的结果。
34. A B C　"虽然"和"但是"构成了转折复句,所以放在一起,C句是B句的继续。

考点二：代词指代

除"我"以外,其他代词一般不直接出现在首句,其前面需要有指代的内容出现。所以在做排序题时,一旦发现有代词出现时,要首先看看其他句子是不是有这个代词所指代的具体词语出现,以此作为排序的依据。

1. 人称代词(我、你、他、她、它、我们、你们、他们)

例题13
A：这种鱼生活在深海中
B：看起来像一个个会游泳的小电灯
C：它们的身体能发出美丽的亮光

（大纲样题）
（正确答案：ACB）

通过阅读可以知道,这一题的描述对象是"鱼",也就是C句出现的代词"它们"所指代的对象,由此可以知道C句应该放在A句后面。而B句是对

阅读题 | 39

"鱼"的进一步描述,因为"身体能发出美丽的亮光",所以才会"看起来像一个个会游泳的小电灯",进而可以得出B句放在最后。

2. 指示代词(这、这个、这些、那、那个、那些);

例题14
A：如果你有机会来旅游的话
B：中国的长城非常著名
C：一定要去那里看看

（正确答案：BAC）

这一题既包含了假设关系,又考查了对代词的掌握。首先C句里出现了"那里"这一代词,通过阅读可以知道这是对"中国的长城"的指代,所以一定放在B句之后。而A句出现了"如果"一词,这是一个假定性条件,阅读后会发现这一句只提到"来旅游",而并没有提具体的地点,很显然是默认为"中国的长城",所以应排在BC之间。

专项练习二

1. A 我们十年没有见过面了
   B 大学毕业以后
   C 她却还是那么年轻漂亮

2. A 因为我很早就想去那里看一看了
   B 我计划报名参加香港一日游活动
   C 今年寒假时间很长

3. A 兰娇正在房间写作业
   B 非要叫她出去看电视
   C 忽然她妹妹跑了进来

4. A 语言是一种交流工具
   B 就应该先学会与人交流
   C 如果你想要学好它

5. A 尽管平时工作很忙
   B 我和他都非常喜欢旅游
   C 我们仍然会找时间去旅游

6. A 但并不完全正确
   B 这种说法有一定的科学性
   C 年龄决定能力

题解：

1. B A C 这里B句是总的时间背景,从"我们"可以知道指代的是两个人,而"她"是特指"我们"中的一位,所以应放在A后面。
2. C B A A句出现了指代词"那里",指代的内容只能是B句中的"香港",因此A在B后,C句整个时间背景,是总的前提。
3. A C B C句的"她妹妹"指的是"兰娇的妹妹",所以C句应放在A句后面；B句的"她"指的是"兰娇",但主语是"妹妹",所以应放在最后。
4. A C B A句是主题句,交代句子的主语是"语言",C句的"它"就是指的"语言",B句是C句的继续。
5. B A C "我和他"是主语,后面的"我们"就是代指"我和他"的。A句起到连接B、C句的作用,要放在两句中间。
6. C B A B句的"这种说法"是指代C句的,所以应放在C句之后；A句是针对B句的转折。

考点三：时间顺序

排序题中,时间顺序也常常出现。例如清晨到黄昏,以前、现在到将来。从这些细节中也可以看出句子的先后顺序。

例题15

A：即使现在没有下
B：昨晚广播说今天早上会下雨
C：还是准备好伞吧

（正确答案：BAC）

这一题出现了几个表示时间的词语,有"现在"、"昨晚"、"今天早上"。由时间的先后可知,B句的"昨晚"应该放在最先的位置,紧接着为A句的"现在",C句是对前面现象进行的总结,所以放在最后。

专项练习三

1. A 在老师和同学的鼓励下
   B 以前她非常不爱说话
   C 她越来越活泼了

2. A 我暑假是这样安排的
   B 然后出去旅游一趟
   C 先做一个月家教赚钱

3. A 开始时人们是为了炼长生不老药
   B 火药是中国古代四大发明之一
   C 没想到最后炼成了火药

4. A 一开始我不想麻烦你
   B 可是这次的翻译太难
   C 只好请你帮忙

5. A 掌声还没有停止
   B 那边马上就有人走出来开始表演了
   C 这边的演员刚下台

6. A 所以大家从来不会因为玩儿电脑而浪费工作时间
   B 这个规定大家都接受
   C 公司不允许在工作的时候玩儿电脑

7. A 以后还会有更多美丽的梦可以成真
   B 人们的许多梦想很快在生活中实现了
   C 随着社会的快速发展

8. A 欢迎明天,因为它是我们的希望
   B 重视今天,因为它给了我们机会
   C 不忘昨天,因为它给了我们经验

题解:
1. B A C B句的"以前"是一个时间点,说明是过去发生的是,一般放在前面,A句是C句发生的前提。

2. A C B　A句交代了起因，C句的"先"和B句的"然后"表明了事情发展的先后顺序。

3. B A C　B句交代了主语"火药"，A句的"开始时"和C句的"最后"表明了先后关系。

4. A B C　A句提到"一开始"，通常放在前面；BC句表示事情发生转折，以及最后采取的措施。

5. C A B　"这边"和"那边"有一个由近及远的过程，所以C句在B句前面，而A句是连接两句的，所以应放在两句中间。

6. C B A　B句的"这个规定"就是代指C句的，所以放在C句后面；A句是B句的结果。

7. C B A　C句是整个句子的前提，B句是C句发展的结果，A的"以后"是针对B而言的。

8. C B A　按照三个句子中的"昨天""今天""明天"的时间顺序进行排列。

考点四：句子间的逻辑顺序

逻辑顺序即按照事物、事理的内在逻辑关系，或由个别到一般，或由具体到抽象，或由主要到次要，或由现象到本质，或由原因到结果等等一一介绍说明。

例题 16
A：被大家普遍使用的是汉语普通话
B：中国是一个多民族的国家
C：很多民族都有自己的语言

（大纲样题）
（正确答案：BCA）

首先，将题目通读一遍后，可以发现这里的三个分句是句句衔接的关系，B句说的是中国的民族，C句说的是这些民族的语言，A句则说了中国普遍使用的语言的情况，所以很容易发现这其中的层层关系。

专项练习四

1. A 春节是中国最重要的节日之一
   B 还会做很多好吃的菜
   C 这时人们都会买新衣服

2. A 这里的风景真美
   B 我都不想回去了
   C 要不是明天要上班

3. A 等一会儿我写完作业
   B 听说今天那里会有京剧演出
   C 我们就去公园散步吧

4. A 是中国的第一大城市
   B 上海位于长江的入海口
   C 世博会的举办给这个城市带来了新的力量

5. A 禁止开车
   B 司机在喝过酒后
   C 国家的法律有明确的规定

6. A 让美丽的"地球母亲"伤心流泪
   B 请大家保护好周围的环境
   C 不要乱扔垃圾

7. A 你必须保持冷静
   B 遇到麻烦的时候
   C 这样才会想出解决的办法

8. A 证明我们的能力
   B 为了能顺利完成任务
   C 我们把一切可能发生的情况都考虑到了

9. A 亲戚们一个接一个地过来
   B 过年时我家特别热闹
   C 整个房间都坐满了人

题解：

1. A C B A句提到了句子的主题"春节"，所以放到最前面，C、B是介绍春节的一些事宜，根据B句的"还会"可以判断B在C后面。

2. A C B A句是原因，放在最前面；"要不是"和"都"表明了事情发展的顺序。

3. A C B C句是A句的继续,所以在A句后面,B句是去公园的原因,是用来解释C句的。
4. B A C A句缺少主语,它的主语就是B句的"上海",所以应在B后面;C句的"这个城市"也指上海,是对上海的进一步描述。
5. C B A C句提到"规定",而BA是规定的内容,A句是B句的继续,所以放在B句后面。
6. B C A B句是整个句子的主题,C句是具体措施,A句是紧接着C句说的。
7. B A C B句是前提,A句具体介绍了该怎么样应对麻烦,C句介绍了A句这样做的影响。
8. B A C A句是B句"为了"的目的之一,所以紧跟在B后面,C句交代为了达到这个目的所做的努力。
9. B A C B句介绍了地点和时间,A句是B句"热闹"的表现,C句是A句的结果。

第三部分　选出正确答案

一、题型介绍

本题型要求考生根据一段文字回答一个或两个问题,例如:

> **例题1**
> 　　我对现在的这份工作还比较满意。首先,我学的就是这个专业;其次,同事们都很喜欢我;另外,工资也还算可以,还有奖金,收入不错。
> ★ 根据这段话,可以知道"我":
> 　A 工作累　　　B 受欢迎　　　C 奖金很少　　　D 收入很低
> （大纲样题）
> （正确答案:B）

题解:
"同事们都很喜欢我"说明"我""受欢迎",应选B。A文章没有提到,文章虽然提到了奖金和收入,但没有说奖金和收入很少,因此C和D也不正确。

> **例题2**
> 　　什么是真正的朋友？不同的人会有不同的理解,而我的理解是:在你遇到困难的时候,朋友会勇敢地站出来,及时给你帮助;在你孤单或者伤心流泪的时候,朋友会陪在你身边,想办法让你感到幸福;无论你是穷人还是富人,真正的朋友永远值得你信任。
> ★ 根据这段话,朋友可以帮你:
> 　A 总结经验　　B 照顾家人　　C 远离危险　　D 解决难题
> ★ 这段话主要介绍的是:
> 　A 精神　　　　B 爱情　　　　C 态度　　　　D 友谊
> （大纲样题）
> （正确答案:D、D）

　　根据"在你遇到困难的时候,朋友会勇敢地站出来,及时给你帮助",第一个问题的答案是D"解决难题",这是一个细节题。第二题是大意题,要求考生回答文章主要讲了什么,答案是D"友谊",因为文章中出现最多的词就是"朋友"。
　　从上面两个例题可以看出,本题型不仅考查考生对细节信息的理解,还考查对文章大意的掌握。

二、答题技巧

（一）看问题，读选项，找有用信息

以例1为例，先看问题"根据这段话，可以知道'我'："，本题考的是细节信息。再看四个选项：A 工作累，B 受欢迎，C 奖金很少，D 收入很低，A C D 都跟工作有关，都是不好的方面；B 说的是"我"跟别人的关系不错，是好的方面。这时候，考生要提醒自己，如果文章没提到不好的方面，那么答案肯定就是B，如果提到了不好的方面，就要重点看"工作累不累"，是"奖金少"还是"收入少"。

（二）重视第一句，抓文章结构，预测答案

带着上边的几个问题，我们来看文章，第一句话"我对现在的这份工作还比较满意"说的是好的方面，下面使用了"首先……；其次……；另外……"结构来介绍几个满意的地方，没有出现"但是""可是"等表示转折的词，这样我们即使有些词看不懂，也能把正确答案B选出来。

（三）带着问题找原文，抓关键词，验证答案

把原文中跟四个选项有关的句子找出来，一个一个地进行比较。A"工作累"文章没有提到，根据"工资也还算可以，还有奖金，收入不错"可以知道C D 不正确。根据"同事们都很喜欢我"能够推出我很"受欢迎"，这就进一步验证了B的正确性。

三、考点、专项练习及题解

考点一：事件题

如果文章是讲一个故事或者是介绍一件事情的经过，那么事情发生的时间、地点、结果等等都可以出题，考得最多的是谁做了什么事，做事情的方式和目的是什么，请看：

（一）谁做了什么？

例题3

森林里，动物们决定举办一个晚会，这次演出吸引了几乎所有的动物。他们都很积极，准备的节目各有特点，小鸟要给大家唱歌，老虎要跳舞，小猫要画画儿，猴子要讲故事，狮子说他给大家照相，熊猫说："我不会表演，但是我可以当观众，为大家鼓掌。"最后只剩下小牛了，她想了好久，忽然得意地说："我负责为大家送免费的牛奶！"

> ★ 谁打算为大家讲故事？
>   A 狗　　　　B 马　　　　C 猴子　　　　D 小猪
> ★ 小牛负责为大家：
>   A 报名　　　B 送牛奶　　C 填写地址　　D 做巧克力
>
> （大纲样题）
> （正确答案：C、B）

根据"猴子要讲故事"，可以知道第一题的答案为C"猴子"。第二题的答案为B"送牛奶"，因为小牛说："我负责为大家送免费的牛奶！"

（二）应该怎样做？

> **例题4**
> 　　兴趣是最好的老师，如果孩子对一件事情感兴趣，那他一定会主动、努力地去学习，效果也会更好。
> ★ 为了提高学习效果，应该让孩子：
>   A 积累经验　　B 努力学习　　C 产生兴趣　　D 相信自己
>
> （大纲样题）
> （正确答案：C）

本题问的是怎样才能提高孩子的学习效果，根据"如果孩子对一件事情感兴趣，那他一定会主动、努力地去学习，效果也会更好"，答案为C。

（三）做这件事的目的是什么？

> **例题5**
> 　　地球是我们共同的家，保护环境就是保护我们自己，为减少污染，我们应该养成节约的习惯，节约用水、节约用纸等等。
> ★ 节约用纸主要是为了：
>   A 保护环境　　B 限制用水　　C 改变地球　　D 发展经济
>
> （大纲样题）
> （正确答案：A）

文章一开头就提出了"地球是我们共同的家"，要"保护环境"，因此节约用纸的目的就是为了保护环境，选A。

从上面的例题可以看出，事件题主要考查事件的细节，难度都不大，考生首先要看清题目问的是什么？然后把ABCD四个选项带到文章中去比较，就会很容易选出正确答案。

专项练习一

1. 今天,学校的运动场会举行一场足球比赛。我们还是提前去吧,晚一点儿去就要坐到后面了,看不清楚。
    ★ 为什么要提前去?
        A 观看比赛　　B 参加比赛　　C 找好位置　　D 怕迟到了

2. 每当秋季到来时,脱发问题会成为很多人的烦恼。要消除这一烦恼,我们一定要好好休息,多吃苹果。
    ★ 为了减少脱发,我们应该:
        A 经常洗头　　B 晚睡早起　　C 多吃水果　　D 多吃牛肉

3. 近年来,中国许多的城市家庭都喜欢养可爱的小动物。比如,小狗、小猫等,有的是为了追求时尚,有的是本身就很喜欢小动物,但很多老人都是为了有个伴儿陪自己,不会觉得无聊。
    ★ 老人养小动物是为了什么?
        A 无聊　　　　B 好玩儿　　　C 不孤单　　　D 追求时尚

4. 最近动物园来了一只大熊猫,我正想和朋友一起去看呢!我们都约好了后天去,可是今天公司竟然让我后天去出差,看来我们只能回来再去了。
    ★ 根据这段对话,说话人:
        A 想去出差　　B 想见朋友　　C 时间很多　　D 想去动物园

5. 我上周去上海了,本来是去谈生意的,但在那儿遇见了一个老同学,在他的再三邀请下,我只好在那儿玩儿了两天才回来。
    ★ 我这次去上海主要是为了:
        A 出差　　　　B 旅游　　　　C 休假　　　　D 看同学

6. 现在很多小饭馆儿都提供送饭上门服务,根据距离远近收取服务费。因此,顾客不用出门就可以买到饭。
    ★ 饭馆送饭上门主要是为了:
        A 赚钱　　　　B 减少成本　　C 节省时间　　D 关心顾客

7. 你到我办公室来一下,我得跟你谈谈,你最近好像经常迟到,而且上课时还不认真听课。
    ★ 说话人可能是:
        A 经理　　　　B 老师　　　　C 医生　　　　D 管理员

8. 张爷爷总是对我们这些年轻人说:"孩子们呀,一定要记住,大富大贵并不重要,只要你们每天能过得开心平安就好。"

★张爷爷希望我们:

A 赚很多钱　　B 努力学习　　　C 永远年轻　　　D 生活愉快

9. 当我不开心的时候会找个安静的地方,听听音乐,或者看看书。而晓玉正好和我相反,这种时候,她会约几个朋友找一个热闹的地方去唱歌、跳舞。

★晓玉不开心的时候:

A 喜欢看书　　B 讨厌约会　　　C 常去唱歌　　　D 去看大海

10. 父母教孩子阅读时,首先要为孩子选择合适的书,不能选择太难的书。另外要多与他谈书中的内容与你对作者的看法,还要让他勇敢地说出自己的认识。

★教孩子读书,父母应该:

A 选难的书　　B 买很多书　　　C 找位好老师　　D 多与孩子交流

11. 欢欢,今天天气很冷,一会儿吃完早饭去上学时,记得要戴上帽子,小心别感冒了。你马上就要考试了,生病会影响学习的。

★欢欢:

A 生病了　　　B 正在家里　　　C 考试没通过　　D 把帽子丢了

12. 遇到麻烦的时候,千万要学会等一等、看一看。即使你有了答案也要等等,也许会有更好的解决方法,从不同的方向看就可能找到不同答案。

★根据这句话,遇到麻烦时,我们:

A 要冷静　　　B 不要放弃　　　C 不要害羞　　　D 要找朋友帮忙

13. 在生命的路上,肯定会有许多困难,要么你解决了困难,要么你在困难前认输。但只要你知道了自己要向哪儿走,认真努力前行,结果就会不一样。

★根据这段话可以知道,我们要:

A 学会放弃　　B 认真读书　　　C 经常锻炼身体　D 找到生活方向

14. 丽丽,这方面的知识我也不太懂,要不等一会儿我爸爸回来,我帮你问问他,他是人民医院的医生,应该会知道原因的。

★丽丽想了解哪方面的情况?

A 艺术　　　　B 医学　　　　　C 语言　　　　　D 法律

15. 生活中我们经常会有压力。这种时候,我们应该想办法解决,而不是选择忘记它,或者选择放弃我们美好的生活。

　　★有压力时,我们应该:

　　　A 勇敢面对　　B 学会放弃　　C 选择忘记　　D 努力学习

16. 各位旅客朋友们请注意,由于天气原因,飞往广州的K2402次航班将晚点四十五分钟,给您带来不便,我们深感抱歉。

　　★说话人正在做什么?

　　　A 道歉　　　B 总结　　　C 介绍航班　　D 通知买票

17. 当你开始觉得时间不够用,逐渐觉得睡懒觉、逛街是很浪费时间的事情,开始学着去计划自己的生活,安排自己的时间时,不要害怕,这说明你在逐渐成熟,生活将会把你带入一个更精彩的世界。

　　★逐渐成熟时,我们会:

　　　A 爱睡懒觉　B 喜欢逛街　C 计划生活　　D 经常运动

18. 我知道你最喜欢吃酸菜鱼,就去超市买了鱼回来,你也好久没来我家了,我去做,你就等着美美地吃一顿吧。

　　★"我"准备干什么?

　　　A 做饭　　　B 吃菜　　　C 买鱼　　　　D 到朋友家

19. 小明听话,妈妈在忙着洗衣服,没时间带你去买糖,你先去写作业,爸爸快下班了,等他回来让他带你去买。

　　★小明写完作业后要做什么?

　　　A 玩儿　　　B 买东西　　C 去爸爸公司　D 帮妈妈干活

20. 今天本来应该是由小王做会议记录的,临时换成小李了,因为小王得去机场接张经理。

　　★小王今天要做什么工作?

　　　A 做记录　　B 去接人　　C 主持会议　　D 帮助小李

题解:

1. C　文中提到"晚一点儿去就要坐到后面了,看不清楚",说明提前去的目的就是可以能找到一个好位置,不用坐到后面。

2. C　短文中提到应该"好好休息",晚睡早起不符合这一条件;苹果是水果的一种,所以"多吃苹果"也可以说是多吃水果。

3. C　从"很多老人都是为了有个伴儿陪自己,不会觉得无聊"可以知道,老人养小动物是为了使自己不觉得孤单。

4. D 从短文开始提到的"最近动物园来了一只大熊猫,我正想和朋友一起去看呢"说明"我"最想做的是去动物园看熊猫,和朋友一起并不是目的。

5. A 从"本来是去谈生意的",可以知道说话人本来去上海的目的是为了工作,也就是出差。

6. A 虽然送饭上门对于顾客来说很方便,但饭馆儿提供这个服务主要还是为了赚钱,从"根据距离远近收取服务费"就可以知道。

7. B 短文中的最后提到"而且上课时还不认真听课",可以知道这是发生在学校的是,说话人最可能是老师。

8. D 短文中提到"大富大贵并不重要",说明肯定不是A项;又说"每天能过得开心平安就好",和生活愉快是一个意思。

9. C 前面说喜欢"找个安静的地方,听听音乐,或者看看书"的是"我",说晓玉则是"找一个热闹的地方去唱歌、跳舞",所以应该选择C。

10. D 短文中提到"要多与他谈书中的内容与你对作者的看法,还要让他勇敢地说出自己的认识",说明家长需要与孩子交流和沟通。

11. B 短文中提到"一会儿吃完早饭去上学时",说明现在说话人和欢欢正在家里吃早饭。

12. A 短文在开始的时候就说"遇到麻烦的时候,千万要学会等一等、看一看",这和选项中的A项一致。

13. D 根据"只要你知道了自己要向哪儿走"可以知道这篇短文主要是告诉人们应该找准奋斗目标和生活方向。

14. B 短文中提到这个问题要问爸爸,并说"他是人民医院的医生,应该会知道原因的",既然是医生说明他们要问的是医学方面的问题。

15. A 根据题目中提到的"我们应该想办法解决,而不是选择忘记它,或者选择放弃我们美好的生活",可以知道我们应该积极勇敢地面对压力,而不是逃避。

16. A 根据题意可以知道,说话人在为飞机的晚点表示歉意,所以应该选择A。

17. C 短文的前半部分介绍的是逐渐成熟的表现,对照选项,只有C项和原文中的"开始学着去计划自己的生活"相符合。

18. A 根据最后一句"我去做,你就等着美美地吃一顿吧",可以知道说话人准备去做饭。

19. B 根据最后一句"爸爸快下班了,等他回来让他带你去买",可以知道小明写完作业后要去买东西。

20. B 根据最后一句"因为小王得去机场接张经理",可以知道小王今天得去接人。

考点二　理解文章大意

例题6

　　交通工具是现代生活中不可缺少的一部分。常见的交通工具包括汽车、飞机、船等，这一切拉近了人与人之间的距离，并且扩大了人们的活动范围。

★这段话主要谈：

　A 生活经历　　　　B 交通工具　　C 社会责任　　D 夫妻感情

（大纲样题）

（正确答案：B）

例题 7

　　有的时候，我们要学会拒绝别人。拒绝别人，要找到合适、礼貌的方法，否则，如果表达不合适，就会引起误会。

★这段话主要说怎样：

　A 拒绝别人　　　　B 获得尊重　　C 减少误会　　D 获得原谅

（大纲样题）

（正确答案：A）

　　一看到"这段话主要谈"、"这段话主要说怎样"、"这段话主要想告诉我们"这样的提问方式，考生就要提醒自己这是考文章大意，一定要抓住文章的第一句话。例6开头就说"交通工具是现代生活中不可缺少的一部分"，后边又介绍了交通工具的种类和好处，因此答案是B，主要谈的是"交通工具"。例7的第一句话是"有的时候，我们要学会拒绝别人"，下面又讲了应该有礼貌地拒绝别人，因此答案是A"拒绝别人"。

专项练习二

1. 我和李星同桌两年了，他很少说话，从来不主动跟别人交流，这么长时间了我都不知道他家在哪里。

　★根据这句话，可以知道李星：

　A 很活泼　　　　B 不爱交流　　　C 不喜欢我　　　D 是外地的

2. 周末，我和哥哥在家里看电视。突然有人敲门，那时已经很晚了，所以我感到很害怕。可是哥哥让我不要担心，他一个人去看看。

　★根据这段话，可以知道哥哥：

　A 很聪明　　　　B 很害羞　　　C 很马虎　　　D 很勇敢

3. 我对现在的生活环境非常满意。首先,我住的离城市很远,周围比较安静;其次,这里的交通很方便,坐公交车半小时就可以到公司了;另外,这里还有健身场所,每天我都可以锻炼身体。

   ★ 根据这段话,可以知道"我":

   A 喜欢热闹　　B 比较活泼　　C 生活舒适　　D 身体很差

4. 很多女孩儿都喜欢吃巧克力,因为它味道很甜,吃了会使人心情好。但是,如果吃多了就很容易发胖,而且对牙不好,所以巧克力不要多吃。

   ★ 根据这段话,吃巧克力会使人:

   A 聪明　　B 牙变白　　C 皮肤好　　D 心情愉快

5. 现在举行婚礼的方式有很多种,有的在公园中举行,选择这种方式的一般都是喜欢大自然的恋人;也有的喜欢水下结婚,选择这种方式的,都是很有情调的年轻人。

   ★ 水下结婚有什么特点?

   A 美丽　　B 方便　　C 简单　　D 浪漫

6. 周六晚上,李明和朋友一起吃完饭后乘坐公共汽车回家。开门时他发现钥匙不是自己的,这时他朋友打电话过来说他的钥匙打不开门。

   ★ 根据这段话,可以知道他们的钥匙可能:

   A 在车上　　B 不见了　　C 拿错了　　D 在饭馆儿里

7. 这本杂志是我今天刚买的,我自己还没怎么看呢,要不过两天等我看完了再借给你吧。你还是先借那本小说看看吧!

   ★ 这本杂志:

   A 是朋友的　　B 说话人还没看完　　C 是借图书馆的　　D 被朋友借走了

8. 研究证明:听音乐可以使人精神放松,忘记烦恼,还能让人更好地休息,最重要的是它能让人变得更加聪明。

   ★ 这段话主要是想告诉我们:

   A 要常锻炼　　B 要经常笑　　C 要多休息　　D 要多听音乐

9. 有些人觉得中午睡觉很浪费时间,可研究证明:午休对人们的身体是有好处的,它可以让你下午更有精神地去工作和学习。

   ★ "它"指的是:

   A 工作　　B 音乐　　C 中午休息　　D 努力学习

10. 谢谢大家广告之后继续收看"国庆七天乐",下面请大家鼓掌欢迎《红楼梦》中的演员为大家讲一些他们生活中发生的有趣的故事。

　　★这段话可能出现在哪儿?

　　A 书中　　　B 节目中　　　C 电影中　　　D 日记中

11. 这家饭馆儿顾客非常多,因为它很干净,饭菜不贵,味道也不错,而且服务员对顾客也很友好。

　　★关于这家饭馆儿,下面哪项没提到?

　　A 环境好　　B 饭菜便宜　　C 饭菜味道好　　D 服务员很多

12. 近年来,电脑走进了人们的生活。许多孩子通过电脑学到了很多知识,同时也认识了很多新朋友,上网还可以让我们坐在家里就能买到自己想要的东西。

　　★人们使用电脑会:

　　A 影响学习　B 丰富生活　　C 浪费时间　　D 影响健康

13. 如果你准备结婚的话,就应该了解丈夫和妻子应该尊重对方,遇到问题要多交流,多让对方了解你的看法,这样生活才会更加幸福。

　　★根据这句话可以知道,我们:

　　A 不要结婚　B 要互相尊重　C 要多读小说　D 要多交朋友

14. 一般情况下人们都不愿意离开家和朋友到其他的地方出差,但王宁却相反。他认为出差可以更好的与他人交流,学习到新技术,增长自己的经验,同时还有机会看到美丽的风景。

　　★王宁:

　　A 是经理　　B 喜欢出差　　C 想换工作　　D 不喜欢旅游

15. 今天奶奶让张刚去买点儿饺子,可他到了超市买了香蕉、苹果、面包,就是没有买饺子,然后他就高高兴兴地回家了。

　　★张刚是个什么样的人?

　　A 粗心　　　B 幽默　　　　C 诚实　　　　D 害羞

16. 由于下个星期张庆教授要到北京广播电视大学做演讲,所以这周他特别忙,整天在办公室准备资料,有时连午饭都忘记吃了。

　　★张庆教授:

　　A 工作很忙　B 正在看电视　C 明天要演讲　D 今天去北京

17. 我们要做一个爱笑的人，做一个像春天一样阳光的人。快乐并懂得如何快乐，并让身边的人一起快乐。常对世界笑的你将会发现世界也常对你笑。

   ★ 这段话主要告诉我们：

   A 要有耐心　　B 要懂礼貌　　C 要做个快乐的人　D 生活不要太累

18. 生活中我们需要知道一些小知识。例如：饭前吃水果；一星期最好吃4个鸡蛋，吃太多了对身体不好；睡觉前三个小时最好不要吃太多东西，否则会容易变胖，也会更容易生病等等。

   ★ 这段话主要在谈哪方面的知识？

   A 健康　　　　B 体育　　　　C 动物　　　　D 感情

19. 想考研究生的同学请注意了，11月13日上午8点，徐杰教授会在302教室为大家讲解关于数学考试的技巧，欢迎同学们前来听课。

   ★ 说话人可能是做什么的？

   A 老师　　　　B 记者　　　　C 医生　　　　D 律师

20. 人们计划旅游的时候，不会太在乎花多少钱，但会先考虑需要多少时间，因为人们平时的假期都不长，所以需要有计划有目的地去旅游。

   ★ 根据这句话可以知道人们：

   A 很有钱　　　B 假期很短　　C 经常旅游　　D 压力很小

21. 好朋友就像一面镜子，她可以照出你的优点和缺点，但是不管你成功或者失败，她都会站在身后支持你，帮助你。

   ★ 好朋友：

   A 会支持你　　B 有很多缺点　C 喜欢照镜子　D 只看你的优点

22. 管理是一门艺术，懂得管理的人不会让被批评的人感觉你是在教育他，对他的工作不满意，只会让他感觉你是在帮助他，想让他更加成功。

   ★ 懂得管理的人：

   A 特别少　　　B 喜欢帮助人　C 不爱表扬人　D 懂得如何说话

23. 研究发现：喜欢听快的音乐的人都很活泼，而且喜欢与人交流；而喜欢听慢的音乐的人会很安静，做事也非常认真。

   ★ 这句话主要谈听音乐与什么的关系？

   A 理想　　　　B 学习　　　　C 性格　　　　D 环境

24. 我希望有一天科学家可以研究出一种药,能让我们忘记烦恼,这样我们就可以永远快乐地学习和工作了。

　　★ 根据这段话,可以知道,这种药:

　　A 非常贵　　　B 很难买到　　　C 特别难吃　　　D 还没研究出来

25. 张大夫,我女儿可以不住院吗?因为我马上要去演出,没时间在医院照顾她,而且她马上就要考试了,我担心住院会影响她的学习。

　　★ 说话人最可能是做什么的?

　　A 医生　　　　B 老师　　　　　C 演员　　　　　D 律师

26. 随着中国汽车数量的不断变多,越来越多的人喜欢开车出游,因为这不仅可以看到更多的美丽景色,而且也很方便,不受时间的限制。

　　★ "这"指的是:

　　A 生活方便　　B 美丽景色　　　C 开车出游　　　D 汽车变多

27. 生活就像一盒巧克力,你不打开它去尝尝,就永远不会知道它的味道。所以我们要积极地生活,用眼睛去发现生活中的美丽,用嘴巴去品尝生活中的酸甜苦辣。

　　★ 这段话主要是谈:

　　A 保护环境　　B 生活态度　　　C 身体健康　　　D 巧克力的味道

28. 同学们都知道知识就是力量,那么你们就应该更加努力地读书,将来才能把自己的理想变成现实。我希望大家都能够有一个美好的将来。

　　★ 这段话告诉我们要:

　　A 有理想　　　B 积极生活　　　C 认真学习　　　D 经常锻炼

29. 科学家发现,听到笑声可以使大脑兴奋,让你也非常想笑,由此看来,多听到别人的笑声也是件好事。

　　★ 笑声会:

　　A 使人激动　　B 打扰别人　　　C 让人想笑　　　D 使大脑紧张

30. 很多人特别喜欢吃肉,因为它不但味道好,对身体也好。但科学家指出,那些看起来很好吃的肉食,在有些时候如果吃多了,不但不能增加身体的力量,相反,它们可能会使人感到不舒服甚至生病。

　　★ 根据这段话,吃肉应该:

　　A 选好的肉　　B 尽量少吃　　　C 注意味道　　　D 吃新鲜的

31. 由于降温,这几天郑州的温度都在20℃左右,最高温度不高于24℃,以后的三天里,这里会有小雨或中雨。

　　★根据这段话,郑州:

　　A 会变热　　　B 将要下雨　　C 一直在下雨　　D 空气新鲜

32. 你别老是上网聊天了,对身体不好,再说,多浪费时间啊,没什么重要的事也要说半天,有那时间还不如多读读书呢。

　　★上网聊天:

　　A 很方便　　　B 很重要　　　C 比读书好　　　D 对健康不利

33. 冬天到了,一定要注意保暖,尤其是女孩子,不能因为爱漂亮就穿得很少,如果一直让自己受凉,年轻时可能不会有多少问题,等年纪大了就会得许多病。

　　★这段话主要说:

　　A 女孩儿要保暖　B 漂亮很重要　C 老人容易生病　D 今年冬天很冷

34. 一般人都喜欢照镜子,但也有一些人会觉得不好意思。科学家发现照镜子是对身体有利的,而且可以面对镜子鼓励自己,获得信心。所以以后可以放心地照镜子,因为这是好的习惯。

　　★照镜子会使人:

　　A 害羞　　　　B 健康　　　　C 放心　　　　D 舒服

35. 在窗户附近虽然有新鲜的空气,但是长时间面对窗户工作对皮肤非常不利,出租车司机和经常开车的人也有同样的问题,因此尽量不要面对窗户工作,如果必须要这样,就要做好皮肤保护工作。

　　★这段话主要想告诉我们:

　　A 要少开车　　B 司机很辛苦　C 少在窗前工作　D 要保护好皮肤

36. 眼睛在很多时候骗了我们,而眼睛看不到的人会用"心眼"去看世界,并且看得更真。所以看事物,不仅要用眼,还要用心。仅用眼睛去观察世界,常常是不完全的,而用心才能发现它真正的美。

　　★根据这段话,只用眼睛看世界会:

　　A 获得快乐　　B 看得清楚　　C 只看到表面　　D 发现真正的美

37. 这家饮料公司在新经理的管理下,发展得比以前更好,受到很多顾客的表扬,大家都说这位经理非常有能力。

　　★这段话主要是说经理:

　　A 很优秀　　　B 很诚实　　　C 不成功　　　D 能力低

38. 帮助别人是一件快乐的事,但是当你没有时间或没有能力完成一件事时,诚实地告诉别人也并不是一件坏事。
    ★这段话告诉我们:
    A 要常帮助人   B 要努力学习   C 要懂得拒绝人   D 要会安排时间

39. 有一种花叫做昙花,这种花开的时候多在夜间,而且开花时间非常短,所以当人们想要表达美好而短暂的意思时就用"昙花一现"来表达。
    ★根据这句话,昙花:
    A 很漂亮   B 容易死   C 开花期短   D 白天开

40. 随着社会的发展,人们越来越认识到民族文化的重要性。保护本民族文化不仅成为很多国家的重要任务,而且也是每个人的责任。于是许多人通过花钱去旅游来了解民族的历史和文化。
    ★根据这段话可以知道人们:
    A 爱花钱   B 喜欢旅游   C 喜欢学习   D 要保护文化

41. 小明新买的那本书内容很精彩,因此很多人都向他借,现在甚至连他自己也不知道书在哪儿了。
    ★小明买的书:
    A 坏了   B 在家里   C 送人了   D 很受欢迎

42. 真是抱歉,您要的巧克力我们卖完了,您可以再看看其他的巧克力,如果您不着急,请您明天中午再来。
    ★根据这段话,说话人可能是在:
    A 超市   B 饭馆儿   C 家里   D 学校

43. 季节变化时,很多商店都会降低价格将衣服卖出,所以这时候衣服是最便宜的。
    ★根据这段话,换季节时买衣服:
    A 便宜   B 好看   C 质量好   D 选择多

44. 对生活每个人有自己的看法,有些人对待生活是积极的,所以他很少有烦恼,而另一些人总是觉得生活太无聊,生活太平淡。
    ★这段话主要是谈:
    A 生活态度   B 生活目的   C 怎样安排生活   D 生活中的烦恼

45. 大学毕业后,他就去了农村,在农村给孩子们当老师,家里安排他回城市工作,可是他说喜欢农村的环境和那儿的孩子们,希望在那儿继续教书。

★根据这段话,可以知道他:

A 喜欢农村　　B 没读过大学　　C 工作很努力　　D 出生在农村

46. 新疆在中国的西北方,虽然那儿的气候比较干燥,但是那儿的水果却非常的有名,水果不仅大而甜还比较便宜,很多人都说吃了新疆的水果再吃别的地方的水果就没有味道了。

★新疆的水果:

A 很好吃　　B 非常贵　　C 水分少　　D 比较小

47. 我的爸爸虽然有点儿胖,但是他差不多每天都运动,还经常带着我们一起踢足球,可是我更喜欢和爸爸打篮球,因为他打篮球的技术很好。

★根据这段话,可以知道爸爸:

A 喜爱网球　　B 很想减肥　　C 是运动员　　D 喜欢运动

48. 黄山位于安徽省南部的黄山市,南北长约40公里,东西宽约30公里,面积有1200平方公里。黄山是美丽的风景旅游地,山上有很多树。黄山上的云与其他地方的有些不同,很有特点。请同学们记住这些,做好笔记,考试会考到这些知识。

★根据这段话,说话人是:

A 服务员　　B 导游　　C 老师　　D 律师

题解:

1. B　从"他很少说话,从来不主动跟别人交流"就可以知道李星不太喜欢与别人交流和沟通。

2. D　根据短文可以知道,是"我"很害怕,而弟弟"让我不要担心,他一个人去开了门",说明弟弟非常勇敢。

3. C　通过短文第一句"我对现在的生活环境非常满意",以及后面对现在生活的描述,可以知道"我"现在的生活非常舒适。

4. D　原文中明确提到"吃了会使人心情好",和D选项正好一致,所以应该选择D。

5. D　短文中,对于水下结婚的描述有"选择这种方式的,都是很有情调的年轻人","有情调"就是浪漫的意思。

6. C　根据题意可以知道,李明和朋友的钥匙都不对,说明他们两个的钥匙可能拿混淆了,也就是拿错了。

7. B　从短文开头的"这本杂志是我今天刚买的"可以知道杂志是"我"的；从"要不过两天等我看完了再借给你吧"可以知道我还没有看完杂志。

8. D　根据短文可以知道，这段文字主要介绍的是听音乐带来的好处，也就是说要我们多听音乐。

9. C　根据"它"前面的那句"午休对人们的身体是有好处的"可以知道这个"它"指的就是午睡，也就是中午休息。

10. B　从"谢谢大家广告之后继续收看"国庆七天乐""这句可以知道这段话出现在一个名叫《国庆七天乐》的节目中。

11. D　根据短文中对这家饭馆儿的描述，提到了"服务员对顾客也很友好"，但没说服务员很多，所以最后一项没提到。

12. B　根据短文可以知道，这段文字主要是在介绍电脑的优点，所以ACD三项都不正确。

13. B　从开头就可以知道，这段文字主要介绍的是结了婚的夫妻应该怎样相处，所以和CD两项没有关系；A项是对婚姻持否定态度的，所以也不对。

14. B　短文开头介绍了很多人不喜欢出差，但后面却说"王宁却相反"，说明王宁是喜欢出差的。

15. A　根据短文可以知道，张刚本来是要去买饺子的，可是最后却买了很多别的东西，唯独没有买饺子，由此可以知道张刚非常粗心。

16. A　短文开始就说"下个星期张庆教授要到北京广播电视大学做演讲"，所以CD两项不对；又根据"这周他特别忙"可以判断A项正确，B项不对。

17. C　短文中的中心词有两个，一个是"爱笑"，一个是"快乐"。所以考生可以抓住这两个词判断出正确答案是C。

18. A　根据"例如"后面的内容，可以知道这段文字主要是在介绍关于健康的一些小常识。

19. A　短文的对象是"想考研究生的同学"，说明说话人的职业是和学生有关的，选项中只有A项符合。

20. B　根据最后一句"因为人们平时的假期都不长，所以需要有计划有目的地去旅游"，可以知道现在人们的假期都不长。

21. A　短文的后半部分提到"不管你成功或者失败，她都会站在身后支持你，帮助你"，也就是"会支持你"的意思。

22. D　短文中说懂得管理的人"会让他感觉你是在帮助他，想让他更加成功"，说明懂得管理的人很会懂得说话的方式，很会说话。

23. C　这段文字主要介绍了听不同风格音乐的人，性格也不一样，所以正确答案应该选C。

24.	D	在短文的开头就提到了"我希望有一天科学家可以研究出一种药",说明这种药是说话人希望被研制出来的,但事实上还没研制出来。
25.	C	短文中,说话人提到"因为我马上要去演出",说明他的职业和表演有关,也就是说他最可能是个演员。
26.	C	在"这"前面提到了"随着中国汽车数量的不断变多,越来越多的人喜欢开车出游",所以"这"就是指代开车出游这件事。
27.	B	根据第一句话"生活就像一盒巧克力",可以知道这段话不是谈巧克力的,只是把生活比喻成巧克力。所以正确答案应该选择B。
28.	C	根据"那么你们就应该更加努力地读书,将来才能把自己的理想变成现实",说明说话人希望同学们能认认真真地学习。
29.	C	在短文中明确提到"听到笑声可以使大脑兴奋,让你也非常想笑",由此可以知道听到笑声自己也会想笑。
30.	B	只看四个选项都是对的,但短文中提到"那些看起来很好吃的肉食,在有些时候如果吃多了,不但不能增加身体的力量,相反,它们可能会使人感到不舒服甚至生病",说明侧重的是吃肉应该合理,不能多吃。
31.	B	短文中提到郑州这几天的温度不高于24℃,所以并不热;根据"以后的三天里,这里会有小雨或中雨",说明雨将要下但是还没下。
32.	D	短文中提到上网"对身体不好",也就是对健康不利的意思。
33.	A	根据短文开头的"冬天到了,一定要注意保暖,尤其是女孩子"就可以知道,这主要说的是女孩子应该注意保暖。
34.	B	通过"科学家发现照镜子是对身体有利的"可以知道,照镜子是对身体好的,也就是有利于健康。
35.	C	短文中提到"长时间面对窗户工作对皮肤非常不利",而且后面说"因此尽量不要面对窗户工作",所以应该选择C。
36.	C	在短文中,提到"仅用眼睛去观察世界,常常是不完全的",选项中只有"表面"和"不完全"意义相近,所以选择C。
37.	A	通过"发展得比以前更好"和"受到很多顾客的表扬"以及"非常有能力",说明这位经理在事业方面很出色,也就是很优秀的意思。
38.	C	虽然短文开头说了"帮助别人",可是后面说的却是在自己没法帮助别人时,要懂得拒绝别人,考生应该看完文章之后再进行选择。
39.	C	根据对昙花开花特性的描述"开花时间非常短",可以知道昙花的花期很短。
40.	D	短文中提到"保护本民族文化不仅成为很多国家的重要任务,而且也是每个人的责任",也就是说人们应该保护民族文化。
41.	D	从第一句"小明新买的那本书内容很精彩,因此很多人都向他借"可以知道,很多人喜欢小明的那本书,也就是很受欢迎的意思。

42. A 根据短文可以知道,这段话主要围绕买巧克力这件事情发生的,所以可能发生在超市。

43. A 根据最后一句话"所以这时候衣服是最便宜的",可以知道这时候的衣服很便宜。

44. A 短文开头提到了人们对待生活的"看法",又分别提到了"积极"、"无聊"等词语,表明了这是在描述人们的生活态度。

45. A 短文中没有提他出生在哪儿,也没有说他工作怎么样,所以CD项不正确;短文交代了他"大学毕业",所以B项不对。根据"他说喜欢农村的环境和那儿的孩子们",说明他喜欢农村。

46. A 短文中对新疆水果的描述有"水果不仅大而甜还比较便宜",说明水果非常好吃,其他选项都不对。

47. D 短文中虽然说爸爸很胖,但没说他想减肥;提到了"足球"和"篮球",但没提到网球;根据爸爸"差不多每天都运动"可以知道他很喜欢运动,但并没说他是运动员。

48. C 虽然短文中提到了"黄山是美丽的风景旅游地",但在最后又说"请同学们记住这些,做好笔记,考试会考到这些知识",说明这可能是发生在教室的情景,说话人应该是老师。

考点三：原因题

例题8

怎样才能说一口流利的外语呢？如果你有一定的语言基础和经济条件,那么出国是最好的选择。因为语言环境对学习语言有重要的作用。

★ 去国外学习外语是因为：

　　A 语言环境好　　B 经济条件好　　C 有语言基础　　D 学习更认真

（大纲样题）

（正确答案:A）

例题9

一些电影院拒绝观众带任何食品、饮料,人们不得不买电影院卖的东西。很多观众批评这个做法,因为电影院的东西特别贵,大约比超市贵三倍。

★ 观众对什么不满意？

　　A 票价高　　　B 座位少　　　C 东西太贵　　D 电影不精彩

（大纲样题）

（正确答案:C）

阅读题 | 63

如例8和例9所示,这类题经常对原因进行提问,提问方式分别为:"……是因为""……为什么……?"考生在看文章时要特别注意"因为"、"是因为"、"所以"、"之所以"等表示因果关系的连词,答案经常在这些词的前后出现。例8中,根据"因为语言环境对学习语言有重要的作用",可知A"语言环境好"是正确答案。例9中,根据"因为电影院的东西特别贵",可知C"东西太贵"是正确答案。

专项练习三

1. 很抱歉,王经理,我又迟到了,但这次不是因为起来晚了,路上的车实在是太多了,我已经以最快的速度过来了,下次我会早点儿起来的。
   ★根据这段话,"我"迟到可能是因为:
   A 起来晚了   B 路上堵车   C 没买车票   D 不想上班

2. 爸爸送我一支漂亮的笔做生日礼物,正好明天要考试,我决定就用它来答题。我想这次我一定能考个好成绩。
   ★爸爸送我笔的原因是:
   A. 鼓励我   B. 我没笔了   C. 我过生日   D 发工资了

3. 大家好,我叫刘玲,毕业于北京大学,我想利用在学校学到的知识和能力为贵公司出一份力,希望贵公司可以给我一个机会。
   ★说话人正在做什么?
   A 道歉   B 找工作   C 表演节目   D 介绍公司

4. 牙膏是人们生活中经常用的东西。人们在选择牙膏时不能只看广告,还需要根据牙齿的健康情况来决定选择哪种牙膏。
   ★人们应该根据什么来选择牙膏?
   A 广告   B 习惯   C 爱好   D 自身情况

5. 我很喜欢这本杂志,不是因为它价格便宜,广告少,而是因为它内容丰富,而且具有教育意义。
   ★我喜欢这本杂志的原因是:
   A 价格低   B 笑话多   C 内容好   D 广告好看

6. 大家好,我是你们的导游李爽。请大家先把行李放到宾馆里,然后再回到这里,我带大家去吃早饭。下午有场音乐会,想看的人请填一下这张表格。

★填表格是为了：

A 住宾馆　　B 看医生　　C 吃早饭　　D 听音乐会

7. 高波的房间特别乱，到处都是垃圾、脏衣服，他的袜子可以穿一个星期都不洗，所以大家都不喜欢和他住在一起。

★大家不喜欢和高波住在一起，是因为他：

A 很懒　　B 很穷　　C 不友好　　D 脾气坏

8. 我们改变不了世界，但可以改变自己。来到一个新环境，我们需要做的不是努力改变它，而是要努力改变自己，让自己更加适应这里的生活和学习。

★根据这段话可以知道，我们应该：

A 学会适应　　B 努力工作　　C 认真学习　　D 学会放弃

9. 女孩儿到了二十岁以后就应该学会管钱了，无论你的收入有多少，都要为你的明天打算着，聪明的女人应该知道如何花钱，其实这也是一种艺术。

★二十多岁的女孩儿应该：

A 少花钱　　B 努力赚钱　　C 多学艺术　　D 为将来打算

10. 这里气候非常干燥，夏天很少下雨，冬天也只是偶尔下一两次雪。刚到这里的人会感觉身体不舒服，但是过一段时间之后，就会逐渐适应。

★刚到这里的人为什么会感到不舒服？

A 气温低　　B 经常下雪　　C 气候不好　　D 经常下雨

题解：

1. B　根据"这次不是因为起来晚了，路上的车实在是太多了"，可以知道迟到可能是因为堵车，而不是起晚了。

2. C　短文的开始就提到"爸爸送我一只漂亮的笔做生日礼物"，说明爸爸送笔是为了给我庆祝生日。

3. B　根据短文中"我想利用在学校学到的知识和能力为贵公司出一份力，希望贵公司可以给我一个机会"，可以知道这是在向一个公司求职，即"找工作"。

4. D　短文中明确告诉人们"在选择牙膏时不能只看广告"，所以A不对；紧接着又提到"还需要根据牙齿的健康情况来决定选择哪种牙膏"，所以应该选择D。

5. C　短文在介绍我喜欢这本杂志的原因时，说的是"因为它内容丰富，而且具有教育意义",说明我非常满意它的内容。

6. D 根据最后一句话"下午有场音乐会,想看的人请填一下这张表格",可以知道填表格是为了听音乐会。

7. A 短文中介绍了高波"房间特别乱,到处都是垃圾、脏衣服,他的袜子可以穿一个星期都不洗",说明高波不爱打扫房间,也不爱洗衣服,非常懒。

8. A 短文中强调要学会"改变自己",目的是"让自己更加适应这里的生活和学习",也就是学会适应的意思。

9. D 短文中提到"无论你的收入有多少,都要为你的明天打算着",为明天打算,也就是为将来打算的意思。

10. C 根据短文前面对这里天气的描述"气候非常干燥,夏天很少下雨,冬天也只是偶尔下一两次雪",可以知道这里最大的问题就是气候干燥,即气候不好。

考点四:比较和转折

例题10

小时候弟弟比我矮,现在却超过我了,看着他一米八二的个子,我真是羡慕极了。

★ 根据这句话,可以知道现在:

A 我一米八二　　B 我比弟弟矮　　C 弟弟个子矮　　D 我同情弟弟

（大纲样题）

（正确答案:B）

例题11

南半球和北半球的季节正好相反。当北半球到处春暖花开的时候,南半球已经进入凉快的秋天,树叶也开始慢慢地变黄了;当北半球的气温逐渐降低的时候,南半球的天气却开始热起来,人们已经脱掉了厚厚的大衣。

★ 南半球是秋天的时候,北半球是:

A 春天　　　　B 夏天　　　　C 秋天　　　　D 冬天

（大纲样题）

（正确答案:A）

例题 12

　　以前,日记是写给自己看的,然而现在更多的年轻人喜欢把自己的日记放到网站上,希望和更多的人交流。

★ 现在许多年轻人写日记:

　　A 写得很短　　B 代替交流　　C 只在网上写　　D 允许别人看

（大纲样题）

（正确答案:D）

　　例题10—12的内容都是在比较两个事物。例题10是说弟弟和"我"谁高,"现在却超过我了",所以现在我比弟弟矮。例题11是比较南半球和北半球的季节,"正好相反",所以南半球是秋天的时候,北半球应该是春天。例题12是比较以前和现在,"然而现在更多的年轻人喜欢把自己的日记放到网站上,希望和更多的人交流",所以现在年轻人写日记可以让人看。

　　比较题中常常都有表示转折的词,比如例题10中的"却",例题12中的"然而"。而且这些表示转折的词后面都是重要的句子,都是考点。所以考试中要重点理解有转折词的句子。

专项练习四

1. 张明平时学习很一般,没想到这次考试他竟然考了第一名。而张红学习那么好,才考了第七名。

　　★说话人是什么语气?

　　A 得意　　　B 愉快　　　　C 幽默　　　　D 吃惊

2. 记得小时候陈慧学习很好,可是长得一点儿也不漂亮。真是没想到现在她成了北京外国语大学的一朵校花,有好多男孩子都喜欢她。

　　★让人吃惊的是陈慧:

　　A 考上了大学　B 变得很漂亮　　C 特别喜欢花　　D 变得很有钱

3. 哭,并不一定代表伤心;笑,并不一定代表快乐;低头,并不一定代表认输;放手,也不一定代表放弃。有时候我们的眼睛也会骗人的,我们要学会去听别人的心声。

　　★这段话告诉我们:

　　A 做人要诚实　B 不能随便放弃　C 不能相信他人　D 要用心去感受

4. 年轻的时候,当你一开始就很容易成功时,你会觉得那只是自己努力的结果。但当你更成熟了以后,才会发现,实际上自己的成功离不开别人的帮助。

★ 人变成熟了以后会：
  A 帮助别人　　B 更加努力　　　C 更容易成功　　D 了解成功原因

5. 刚进公司的小丽工作十分认真,对人有礼貌,虽然不是那种很爱开玩笑的女孩儿,但是因为做事态度认真,很快就受到大家的欢迎。
  ★ 关于小丽,不正确的是：
  A 很幽默　　　B 工作态度好　　C 和同事关系好　D 在公司时间短

题解：

1. D　根据短文,可以知道学习好的张红没有考好,学习一般的张明考好了,结果出乎意料,所以应该是吃惊的语气。
2. B　从后面一句"真是没想到现在她成了北京外国语大学的一朵校花,有好多男孩子都喜欢她",可以知道陈慧现在非常漂亮。
3. D　从最后一句"我们要学会去听别人的心声",可以知道短文是要我们用心去感受别人的内心世界。
4. D　在短文中,提到变成熟后的句子有"但当你更成熟了以后,才会发现,实际上自己的成功离不开别人的帮助",说明成熟后更懂得自己到底是怎样成功的,也就是更了解成功的原因了。
5. A　要注意问题是"不正确的是"。短文中说"不是那种很爱开玩笑的女孩",所以小丽不太幽默,所以A是不正确的说法。

考点五：长短文

　　在选择正确答案这一部分中,常常会有两到三个较长的短文,每个短文后一般会有两个问题。事实上,这些长短文和前面的短文一样,都会问到一些关于细节的问题,比如原因、谁做了什么事情等等,也会问到短文的主要意思是什么,也会让你根据这篇长短文做出正确的推断。

　　所以回答长短文题的技巧和前面讲的一样。下面是长短文的练习题。

专项练习五

1. 在我国南方有一种树,它的叶子会随天气的变化而变化,晴天时,它的叶子是绿色的。如果将出现阴雨天气,这种树的叶子会先变为红色,然后逐渐整棵树都变成红色。如果在阴雨天发现叶子的红色逐渐变成绿色,这就表示天气将变晴。因此人们叫这种树为"变化树"、"气象树"。

★要下雨时这种树的叶子会：
　　A 变绿　　　B 变小　　　C 变红　　　　　　D 掉下来
★这段话主要介绍的是：
　　A 树木　　　B 天气　　　C 颜色　　　　　　D 时间

2. 司马光小时候每天起床很迟，经常受到老师的批评。于是，他决定改掉这个坏习惯，每天早早起床。聪明的司马光做了一个东西放在头下，因为做的东西是圆的，所以睡觉的时候，稍微一动自然就会醒来。因此，他天天就能早早起床读书了。
★司马光为什么会受到批评？
　　A 爱玩儿　　B 很马虎　　C 起床晚　　　　　D 脾气坏
★司马光为什么要做圆东西？
　　A 觉得有趣　B 想变聪明　C 方便睡觉　　　　D 想早起读书

3. 有一天妈妈带着儿子去餐馆吃饭，服务员看到这个可爱的小孩儿，就拿出自己的糖让小男孩儿拿，但小男孩儿却没有动，几次邀请之后服务员亲自拿了很多糖放进他的包里。回到家，母亲奇怪地问他为什么不自己拿，小男孩儿说："因为我的手比较小啊！"
★小男孩儿为什么不自己拿？
　　A 很害羞　　B 不想吃糖　　C 手小拿得少　　D 妈妈不让拿
★根据这段话，关于小男孩儿可以知道什么？
　　A 很聪明　　B 很勇敢　　C 非常幽默　　　　D 比较活泼

4. 为了提高个人的竞争力，很多人需要多学几种技术，但是交钱去专门的学校学又很浪费钱，时间也不自由，所以就有人开始"技术互助"。例如，我会开车又想学弹钢琴，找个会弹钢琴又想学开车的人，我们就可以进行技术交流，这样既省钱又可以自由安排时间，还可以交朋友，真是一种不错的学习方法。
★关于"技术互助"，下列哪项不正确？
　　A 节约钱　　B 浪费时间　　C 可以学到知识　D 能认识新朋友
★如果进行技术互助，两个人应该：
　　A 原来就认识 B 天天在一起　C 交学费给对方　D 共同安排时间

5. 随着社会的发展，老年人越来越多，他们的身心健康需要受到重视，关心老年人就成了一件很重要的工作。最近有80后组织了"陪聊"活动，就是陪老人聊天，80后发现现在的老人更需要的是精神上的交流。他们还特别注意聊天方法，不打断老人说话，在合适的时间向老人提问。

★这段话主要是要告诉我应该：
　　A 多参加活动　B 注意聊天方法　　C 适时提问老人　D 重视关心老人
★陪聊，要：
　　A 多提问　　　B 多说笑话　　　　C 认真听老人说　D 让年轻人去做

6. 妈妈对小林说："今天妈妈要开会，不能送你上学，你过马路要小心，要等车子走了以后再走。"小林答应了。小林走到马路边，等了很久也不走，警察问他："你为什么不走？"小林说："妈妈要我等车子走了再走，可现在车子没来，所以我还不能走。"
　　★妈妈主要是什么意思？
　　　A 要注意安全　　　　　　　B 要跟着车走
　　　C 要耐心等车　　　　　　　D 放学早点儿回家
　　★关于小林，可以知道什么？
　　　A 找不到路了　B 在等公交车　C 害怕过马路　D 自己去上学

7. 小明七岁了，他有一个五岁的妹妹。一天，妈妈交给小明一块蛋糕和一把刀子，并对他说："小明，把这块蛋糕一分为二，给你妹妹一块。记得要做一个懂事的好孩子。"小明问："怎样做才算是懂事的孩子呢？"妈妈马上回答说："懂事孩子总是把大的一块让给别人。"他想了一会儿，然后把蛋糕拿给妹妹，并对她说："你来把这块蛋糕一分为二吧。"
　　★妈妈主要是什么意思？
　　　A 小明长大了　B 不喜欢小明　C 妹妹很害羞　D 要小明懂礼貌
　　★小明为什么想让妹妹分蛋糕？
　　　A 他很懒　　　B 妹妹很讨厌　C 妹妹没礼貌　D 他想要大的

8. 记得还是个孩子的时候，我经常让妈妈带我去邻居张奶奶家玩儿，不是因为张奶奶家有一群小朋友，也不是为了陪张奶奶聊天，主要是因为她家有一台电视。那时候我每次去了，都会坐在电视前看《西游记》，直到妈妈叫我回家吃饭，我才会高高兴兴地回去。现在每次想起来都会不自觉地笑出来。
　　★这段话主要在谈：
　　　A 工作任务　B 电视节目　　C 妈妈的性格　D 小时候的事
　　★我去张奶奶家，是想：
　　　A 看电视　　B 吃东西　　　C 找朋友玩儿　D 陪她聊天

9. 一天早上，爸爸为了不让儿子打扰自己工作，将一张世界地图弄成很多片，丢在地上说："小健，你要是能把它变为原来的样子，我就陪你去玩儿。"爸爸以为这件事会花掉儿子整个上午的时间，但十五分钟小健就完成了。爸爸吃惊地问他是怎么做到的。小健很紧张地答道:"在地图的另一面是一张我的照片,我把我的照片弄好了,然后再把它翻过来。"
★小健是一个什么样的孩子?
　A 勇敢　　　　B 幽默　　　　C 聪明　　　　D 害羞
★爸爸很吃惊,是因为:
　A 照片很好看　B 任务非常难　C 儿子的病好了　D 儿子用时很短

10. 张太太经常说对面的李太太很懒,"那个女人的衣服永远都洗不干净,看,她院子里的衣服,总是有黑点儿。"直到有一天,有个朋友到张太太家,才发现并不是李太太的衣服没洗干净。朋友拿了一张纸,把张太太家的窗户擦干净了,说:"看,这不就干净了吗?"
　★张太太为什么说李太太懒?
　　A 她的房间很乱　　　　　B 她家窗户很干净
　　C 垃圾非常多　　　　　　D 以为没洗干净
　★这段话主要想告诉我们什么?
　　A 要常洗衣服　B 要努力学习　C 要常去看朋友　D 有时错在自己

11. 爸爸带4岁的女儿去看演出,在售票的窗口,爸爸打听座位的价钱。售票员说:"一级票100元,二级票80元,站票50元,儿童半价,节目单5元。"女儿听后小声对爸爸说:"我们就坐在节目单上吧!"
　★他们看演出最少需要花多少钱?
　　A 5元　　　　B 55元　　　　C 75元　　　　D 105元
　★根据女儿的话,可以知道:
　　A 爸爸很有钱　B 节目单很多　C 她想少花钱　D 演出很精彩

12. 《奋斗》讲了一群刚刚大学毕业的年轻人的爱情和生活。米莱,一位漂亮、可爱的女孩子,她的爱情该何去何从?只要自己喜欢的人幸福,自己就会很幸福,即使让自己失去爱情,她仍然愿意。把爱看得如此之重,这是一个多么勇敢的女孩子啊!想了解这群人更多美丽的故事吗?请今晚七点继续收看北京电视台的节目。
　★这段话可能出现在:
　　A 小说中　　B 广告中　　　C 京剧中　　　D 日记里
　★关于米莱,可以知道:
　　A 家里很穷　B 是位记者　　C 重视爱情　　D 工作努力

13. 王红是一个小学老师,每天和孩子们在一起,她觉得非常开心。有一次,她给学生讲了一个笑话,别的孩子都笑个不停,只有一个孩子没有笑。王红问他为什么,他说:大人们常说"笑一笑,十年少",我还没十岁呢,再一笑不就没了吗?听了他的话,所有的人都笑个不停。

★王红和孩子在一起时是什么心情?

　　A 快乐儿　　B 激动　　　　C 烦恼　　　　D 难过

★那个小孩为什么不笑?

　　A 不好笑　　B 不敢笑　　　C 不想笑　　　D 不好意思笑

14. 在未来的电子化图书馆里,看不到各种各样的书本,我们看到的是一台台电脑。当你在电脑前坐下,要看什么书,只要把书名输进电脑里,马上就会出现你所要看的电子书。如果你十分喜爱书中的图画,只要按一下,一分钟之内,它就能复印好送到你手里。在电子化图书馆里,还能看电影。在电子化图书馆里,看不到一个图书管理员,这里的一切工作全部由电子计算机来负责。

★在电子化图书馆里不能做什么?

　　A 看书　　　B 借书　　　　C 看电影　　　D 复印图画

★当你在电子化图书馆里遇到问题时可以找谁来帮忙?

　　A 书本　　　B 老师　　　　C 管理员　　　D 计算机

15. 人生是快乐的。如果你觉得不快乐,实际上是你自己不想让自己快乐。快乐就在我们生活的每个地方,只要我们能够把生活中许多的小事、烦恼、困苦放下,换个方法去想问题,让自己有一个快乐的心情,那快乐就会围在我们的身边。

★是否感到快乐,关键在于:

　　A 老师　　　B 自己　　　　C 朋友　　　　D 家人

★根据这段话,我们想要快乐时可以试着:

　　A 认真工作　B 做好小事　　C 锻炼身体　　D 换角度思考

16. 在鼓励中长大的孩子,将来必会对自己有信心;在表扬中长大的孩子将来必会感谢他人;在诚实公平中长大的孩子,将来一定会相信他人,发现生活的美好。想要你的孩子养成好的性格,健健康康长大,请给他一个好的生活环境。

★想要孩子将来能信任他人,父母应该:

　　A 多鼓励他　B 多表扬他　　C 经常陪他　　D 公平地对他

★这段话主要讲了孩子成长与什么的关系?

　　A 环境　　　B 自信　　　　C 学习　　　　D 诚实

17. 夏季温度很高,为了保证身体健康,朋友们锻炼身体一定要注意以下三个方面:第一、要多吃水果,也要注意多喝水;第二、选择适合夏季的体育活动,如游泳、羽毛球等;第三、锻炼身体的时间不要太长,每天两个小时左右就可以了。

★这段话主要在谈什么?

　A 季节　　　　B 温度　　　C 锻炼　　　D 颜色

★这段话主要是告诉我们要：

　A 多吃饭　　　B 多休息　　C 努力学习　　D 科学锻炼

18. 大家好,欢迎乘船来参观美丽的漓江。漓江是中国南方有名的旅游风景区,许多人都会来此游玩儿。这里不但交通方便,还住着很多不同民族的人民,而且还有许多好吃的食品。但是大家在参观游玩儿的时候请不要抽烟,不要乱扔垃圾,要爱护环境。祝各位玩儿得愉快。

★关于漓江,下面哪项正确?

　A 水很脏　　　B 垃圾很多　　C 食物很贵　　D 适合旅游

★这段话主要是介绍什么的?

　A 教育　　　　B 安全　　　C 健康　　　D 风景区

题解：

1. ★C 短文中明确提到"如果将出现阴雨天气,这种树的叶子会先变为红色,然后逐渐整棵树都变成红色",所以答案应该是C,变红。

 ★A 根据短文开头"在我国南方有一种树,它的叶子会随天气的变化而变化",就可以知道这段文字主要是在介绍一种树木。

2. ★C 短文的第一句话就交代了"司马光小时候每天起床很迟,经常受到老师的批评",说明起得晚是被批评的原因。

 ★D 短文中在解释司马光为什么做圆东西时说,"因为做的东西是圆的,所以睡觉的时候,稍微一动自然就会醒来。因此,他天天就能早早起床读书了",说明他是为了能早点儿起来看书。

3. ★C 短文中提到妈妈问孩子为什么不自己拿糖时,小孩儿说"因为我的手比较小啊",说明他觉得自己手小,拿得少。

 ★A 看完短文,可以知道小男孩儿很清楚自己手小,如果自己拿糖的话不会拿太多,所以如果是服务员帮他拿肯定比自己拿的多,由此可见小男孩儿非常聪明。

4. ★B 关于"技术互助",短文最后的评价是"这样既省钱又可以自由安排时间,还可以交朋友,真是一种不错的学习方法",而B项是在说这个方法不好,所以是错的。

 ★D 根据短文应该知道,技术互助的两个人可以"自由安排时间",说明他们可以共同安排时间。

阅读题 | 73

5. ★D 短文开始的时候提到"老年人越来越多,他们的身心健康需要受到重视,关心老年人就成了一件很重要的工作",说明这段文字是要让人们多去关心老人。

　★C 短文关于陪老人聊天的叙述有"不打断老人说话,在合适的时间向老人提问",说明应该仔细听老人说的话。

6. ★A 短文中,妈妈嘱咐小林是为了让他"过马路要小心",也就是要让他注意安全。

　★D 根据前面小林妈妈所说的"今天妈妈要开会,不能送你上学",可以知道妈妈没有送小林上学,而是小林自己去的。

7. ★D 妈妈让小明做一个"懂事的好孩子",希望他把大的蛋糕给妹妹,说明妈妈希望小明懂礼貌。

　★D 小明听妈妈说好孩子应该把大的蛋糕给别人,说明他想让妹妹来分,这样就可以把大的蛋糕给自己了。

8. ★D 这段话说了"我"小时候经常去张奶奶家看电视的事,所以能够概括为小时候的事。

　★A 短文中提到"我"去张奶奶家的原因,是因为"她家有一台电视","我"很喜欢去她家看电视。所以应该选择A。

9. ★C 通过短文中,小健按照自己的照片把地图拼好了这件事,可以知道他很会动脑筋,非常聪明。

　★D 短文中在描述爸爸吃惊时说,"爸爸以为这件事会花掉儿子整个上午的时间,但十五分钟小健就完成了。爸爸吃惊地问他是怎么做到的"。说明爸爸对于儿子那么快完成任务很吃惊。

10. ★D 短文中在解释张太太说李太太懒时,提到"那个女人的衣服永远都洗不干净,看,她院子里的衣服,总是有黑点儿",说明张太太认为李太太衣服没洗干净。

　★D 通过短文可以知道张太太是因为自己家的窗户不干净,才会误认为是李太太没有洗干净衣服的,所以错在于张太太。

11. ★C 根据短文可以知道,成人最便宜的票价是50元,儿童半价,也就是25元,加一起是75元。

　★C 女儿最后建议爸爸"我们就坐在节目单上吧",说明她想为爸爸省钱。

12. ★B 根据短文最后一句"请今晚七点继续收看北京电视台的节目",可以知道这是在介绍一个电视剧,而这段话应该出自广告里面。

　★C 短文在对米莱的描述中说她"只要自己喜欢的人幸福,自己就会很幸福,即使让自己失去爱情,她仍然愿意",说明米莱非常重视爱情。

13. ★A 短文中在形容王红和孩子们在一起时的心情时,提到"她觉得非常开心",开心就是快乐的意思。

　　★B 小孩儿在解释自己不笑的原因时,说'大人们常说"笑一笑,十年少",我还没十岁呢,再一笑不就没了吗?"说明这个小孩儿心里很害怕,不敢笑。

14. ★B 短文中分别提到了"看书"、"复印"和"看电影",但是没有提借书,所以应该选择B。

　　★D 在短文的最后,提到"在电子化图书馆里,看不到一个图书管理员,这里的一切工作全部由电子计算机来负责",说明当遇到问题时应该用计算机解决。

15. ★B 短文中"如果你觉得不快乐,实际上是你自己不想让自己快乐",可以看出,真正决定自己是否快乐的其实是自己。

　　★D 短文中提到要"换个方法去想问题",其实也就是选项中换角度思考的意思。

16. ★D 短文中提到"在诚实公平中长大的孩子,将来一定会相信他人,发现生活的美好",所以应该选择公平对待。

　　★A 从最后一句总结的话"想要你的孩子养成好的性格,健健康康长大,请给他一个好的生活环境",可以看出这段话主要在说环境对孩子的影响。

17. ★C 在短文开始的部分就提到"夏季温度很高,为了保证身体健康,朋友们锻炼身体一定要注意以下三个方面",所以可以判断后面的内容也是在谈锻炼。

　　★D 短文中已经明确提到了"朋友们锻炼身体一定要注意以下三个方面",说明后面三点都是在介绍怎样科学锻炼的。

18. ★D 前面三点短文里都没有提到,但是提到了"漓江是中国南方有名的旅游风景区,许多人都会来此游玩儿",说明漓江很适合旅游。

　　★D 这段话主要在介绍著名风景区漓江,所以考生可以由此判断出这是在介绍风景的。

阅读模拟练习(一)

阅 读

第一部分

第46-50题：选词填空。

A 距离　B 旧　　C 接受　D 坚持　E 镜子　F 周围

例如： 她每天都（D）走路上下班，所以身体一直很不错。

46. 好朋友就像是一面（　　），可以照出你的对与错。
47. 我不可以（　　）你的帮助，我想通过自己的力量来完成这项任务。
48. 懂得与人保持一定的（　　），也是一种有礼貌的行为。
49. 沈凌注意到（　　）有好多人正在看着他。
50. 这件衣服都这么（　　）了，我看还是扔掉算了。

第51-55题：选词填空。

A 邀请　B 部分　C 温度　D 消息　E 对面　F 害羞

例如： A：今天真冷啊，好像白天最高（C）才2℃。
　　　　B：刚才电视里说明天更冷。

51. A：告诉你一个好（　　），我那班在篮球比赛中得了第一。
　　B：是吗？那我们可要好好祝贺一下。

52. A：星期六有时间吗？我想（　　）你来参加我的生日晚会。
　　B：好啊，我一定到。

53. A：莉莉，不要（　　），不就是见一下我爸妈吗？
　　B：我是怕叔叔阿姨不喜欢我。

54. A：请问最近的银行在哪儿？
　　B：这个超市（　　）就是。

55. A：你翻译这篇文章有什么问题吗？
　　B：第三（　　）还有些问题，要不你帮我看看吧。

第二部分

第56-65题:排列顺序

例如:A 可是今天起晚了
　　　B 平时我骑自行车上下班
　　　C 所以就打车来公司

　　　　　　　　　　　　　　　　　　B A C

56. A 下午再接着写论文吧
　　B 我们还是先找家饭馆吃点儿东西
　　C 都已经到中午了

57. A 但他为了尽快完成任务
　　B 虽然知道喝多了咖啡对身体不好
　　C 还是每天都喝好几杯

58. A 请把水和药放在我桌子上
　　B 这样我睡醒就会记得吃
　　C 不然我有可能会忘记

59. A 也给他们带来了动力
　　B 现在的研究生考试
　　C 不仅给考生带来了压力

60. A 所有的公司都公平竞争
　　B 在市场经济条件下
　　C 没有谁能用不正当的方法取得成功

61. A 想做对这道题
　　B 然后才有可能找到正确的答案
　　C 就要先把这些数字的顺序排对

62. A 养成把垃圾扔到垃圾桶里的好习惯
　　B 老师经常教育我们
　　C 要爱护环境

阅读模拟练习(一) | 77

63. A 国家法律明确规定
    B 就不允许结婚
    C 男子如果不到22岁

64. A 农村虽然经济发展没有城市好
    B. 但那里的农民都非常友好
    C 空气也特别新鲜

65. A 张教授告诉我们
    B 经验就好像知识一样
    C 需要我们慢慢积累

第三部分

第66-85题：请选出正确答案。

例如：她很活泼，说话很有趣，总能给我们带来快乐，我们都很喜欢和她在一起。
    ★ 她是个什么样的人？
      A 幽默   B 马虎   C 骄傲   D 害羞   （A）

66. 许多年轻人在有压力或者有不开心的事时，都会去找一个和自己很好的朋友聊天，因为他们觉得这也是一种放松的方法。
    ★ "这"指的是：
      A 压力   B 麻烦   C 听歌   D 与朋友聊天

67. 老刘昨天去了趟医院想检查检查身体。检查完后，医生对他说："都七十的人了，身体各个方面还这么好，真是不容易啊！"
    ★ 医生的话说明老刘：
      A 年龄太大   B 身体很好   C 需要住院   D 缺少锻炼

68. 昨天小马想带他女朋友小朱去香格里拉大饭店吃饭，可是小朱死活不愿意去。他问了很长时间原因，小朱才红着脸说："那里的饭菜虽然很好吃，但价钱让人很难接受。"
    ★ 小朱为什么不愿意去香格里拉大饭店吃饭？
      A 还不饿   B 离家太远   C 价格太贵   D 菜不好吃

69. 王老师,您好,由于最近气温变化很大,早上起来我发烧了,需要去看医生,所以今天上午您的翻译课恐怕不能上了。请原谅我突然请假。

★ 根据这段话,可以知道,说话人:

A 很害羞　　　B 是老师　　　C 没礼貌　　　D 想去看病

70. 近年来,上海发展非常快。这里交通变好了,环境变美了,人们的水平提高了,对游人很有礼貌,所以吸引了很多国内外的人来此游玩儿。

★ 很多人来上海旅游,不是因为这里:

A 景色美丽　　　B 交通便利　　　C 气候很好　　　D 人们友好

71. 这家小店刚刚开张几天,现在顾客还不是很多,但是我相信在不久的将来这里一定会吸引很多顾客,因为这里饭菜可口、价格便宜、服务态度好。

★ 根据这段话,下面哪项正确?

A 菜很贵　　　　　　　　B 饭菜不好吃
C 顾客不满意　　　　　　D 服务员有礼貌

72. 上学时,我们需要记住很多知识。但有时候,一些让我们伤心的事,如果总是记在脑海中,只会让我们更加不愉快。这时,我们不如去把它忘记,然后开心地继续生活下去。

★ 这段话主要是想告诉我们,要:

A 学会忘记　　　B 不要放弃　　　C 努力学习　　　D 经常锻炼

73. 我们这期的工作任务是做一个关于饼干的广告,这是一种绿色食品,食用方便,问题是我们应该从哪里下手呢?大家不要受限制,随便谈谈自己的看法。

★ 说话人可能在:

A 银行　　　B 学校　　　C 超市　　　D 会议室

74. 上学时,周曼很不爱说话,学习成绩也一直都不好,没想到现在她成了中国著名的小品演员,很多观众都很喜欢看她演的节目。

★ 根据这段话可以知道,现在周曼:

A 学习好　　　B 是演员　　　C 长得漂亮　　　D 不爱说话

75. 每次到了中国的新年,家人都会一起吃丰富的晚饭,一起看春节晚会,一起快乐地走亲戚。从初一到初五,每天都很忙,很累,但是大家却很愉快。

★ 根据这段话,可以知道,过新年时,大家:
　A 不想吃饭　B 都很开心　　C 一点儿都不累　D 要一起运动

76. 明年北京将举行两个国际车展,到时候会有很多国内外著名的汽车制造者到场,如果想去参观的朋友,可以通过此网站买票。
★ 根据这段话,下面哪项正确?
　A 车展人很少　　　　　　B 汽车都很贵
　C 车展不成功　　　　　　D 网上可以买票

77. 请不要拿自己的短处去和别人的长处比,这样你永远不会是赢者。我们应该拿我们的优点与他人的优点比,这样即使输了,我们也是在不断地进步。所以同学们以后一定要学会与人比较的方法。
★ 说话人可能是:
　A 律师　　B 医生　　　C 老师　　　　D 导游

78. 自从有了她家小亮,李雪见人就说:"这种幸福的感觉真是没办法用语言来表达,没当过妈妈的人是肯定感受不到的!"
★ 根据这段话,可以知道,李雪:
　A 离婚了　B 还在上学　C 有小孩儿了　D 喜欢逛街

79. 研究发现:比较理想的减肥运动是跑步和散步。散步可以时间长一些,跑步因为运动量比较大,时间可以短一些,但是至少也要保证半个小时的时间。
★ 这段话主要想告诉我们:
　A 要常锻炼　B 要多喝水　C 如何减肥　D 休息很重要

80-81
十年前,他还是一个小青年。因为从小父母离婚,他跟着外婆一起住。他不爱讲话,性格不好,学习成绩也一直不好。高中毕业后,他到一家饭馆儿当了名服务员。但他有一个爱好,就是唱歌。他从来都没放弃过当歌手的理想。每天工作之余,他都会努地练习唱歌。十年后,很多人都很喜欢他。他就是当今非常著名的歌手周杰伦。
★ 根据这段话,可以知道,周杰伦以前:
　A 学习很好　　　　　　　B 做过服务员
　C 不喜欢看电影　　　　　D 喜欢与人交流
★ 大家很喜欢周杰伦,是因为他:
　A 很有钱　　　　　　　　B 很会教育人
　C 歌唱得好听　　　　　　D 长得非常帅

82–83

现在的人是越来越懒得动笔写信了。从电话到手机,从手机短信到电子邮件,人们表达感情的方法越来越多。这些方法备受人们喜欢,因为它们不但使用方便,速度很快,还不受时间和地点的限制。每到过春节时,大家都会收到很多祝福短信。如果换做写信的话,春节的祝福可能要到节后才能收到。

★ 现在的人懒得动笔写信是因为:
 A 写信很累 B 没有时间 C 纸很贵 D 写信不方便

★ 大家喜欢用电子邮件表达看法,不是因为它:
 A 很方便   B 很便宜
 C 速度快   D 不受时间限制

84–85

张然在商场买东西。突然有一位老太太走过来,很伤心地对他说:"先生,你长得太像我那刚死去的儿子。我可真想他,你能不能对我喊一声:'再见,妈妈!'"张然觉得老太太很可怜,便喊了一声:"再见,妈妈!""再见,孩子!"老太太大声说完就走了。等张然买好东西刚要走,售货员叫住了他:"先生,你母亲的钱还没给呢!"

★ 根据这段话,可以知道什么?
 A 张然很有钱   B 老太太没给钱
 C 售货员不友好 D 老太太很可怜

★ 售货员的话,说明张然:
 A 多给了钱   B 被人骗了
 C 丢了东西   D 很爱母亲

题解:

46–50

46. E 从"一面"可知后面应该跟一个名词,选项中,能用"一面"量词修饰的名词只有E。

47. C "不可以"后面跟一个动词,选项中能与"帮助"相联系的动词只有"接受"。

48. A "保持"后面一定跟一个名词,常用的搭配就是"保持距离"。

49. F 括号里应该填一个表示方位的词语,在选项中,"周围"就是表示旁边、四周的意思。

50. B 这里需要一个形容词来形容衣服,根据后面所说的"还是扔掉算了",可以知道"旧"这个词最合适。

51–55

51. D　跟在"告诉"后面的一般是个名词,而且"告诉"后面跟"消息"是常用搭配。

52. A　"想"和"你"之间应该跟一个动词,这里提到了"参加我的生日晚会",说明"邀请"最合适。

53. F　根据题意,这里应该填一个修饰人的词语,在结合对话的情景,只有"害羞"最合适。

54. E　根据题意,这里应该填一个表示方位的词语,选项中只有"对面"最合适。

55. B　结合题意,对话提到了"这篇文章",所以应该找一个能够修饰"文章"的词语,选项中,"部分"与数量词正好能结合起来。

56–65

56. CBA　B句的"先"和A句的"再"正好构成了先后顺序的关系,而C句是其他两句的先决条件,是一个时间前提。

57. BAC　"虽然"和"但"表示转折关系,"还是"是接着A句说的,是对A句的补充说明。

58. ABC　B句的"这样"指的就是A句的"把水和药放在我桌子上",C句是对如果不这样可能发生的情况的描述。

59. BCA　"不仅"和"也"表示并列关系,而B句是其他两句的话题。

60. BAC　B句是后面两句的先决条件,A句是针对B句的解释,而C句中的"谁"指的就是A句中提到的"公司"。

61. ACB　A句是三句话的总起,B句中的"先"和C句中的"然后"表明了二者的先后关系。

62. BCA　B句提到"老师经常教育我们",AC两句都是老师教育我们的内容,而A句是C句的具体化。

63. ACB　A句提到了"国家法律明确规定",而BC都是"规定"的具体内容,B句缺少主语,它的主语就是C句中的"男子"。

64. ABC　"虽然"和"但是"表示转折的意思,所以AB句连在一起,C句是对B句的继续描述。

65. ABC　BC句都是A句"张教授告诉我们"的具体内容,C句缺少主语,它的主语和B句一样,都是"经验"。

66–85

66. D　首先,"这"指的是一种方法;短文中,可以作为方法的就只有在不开心时"找一个和自己很好的朋友聊天"了。

67. B　根据医生所说的"身体各个方面还这么好",可以知道老刘身体非常健康。

68. C 短文中,小朱在解释自己不愿意去香格里拉大饭店吃饭时说"价钱让人很难接受",说明她觉得那里的价格很贵。

69. D 在短文中提到"王老师"、"翻译课"、"请假"这样的中心词,可以知道说话人应该是在校学生,并且想请教看病。

70. C 短文中提到上海"环境变美了"、"交通变好了"、"对游人很有礼貌",正好分别对应了ABD三项,但没有提到C项。

71. D 短文在评价小店时提到"这里饭菜可口、价格便宜、服务态度好",对照选项,只有D项最合适。

72. A 根据短文中的"我们不如去把它忘记,然后开心地继续生活下去",可以知道短文主要在告诉人们要学会忘记。

73. D 从短文中的"我们这期的工作任务是做一个关于饼干的广告"和"大家不要受限制,随便谈谈自己的看法",可以看出这是在会议室中讨论问题的场景。

74. B 短文中,对周曼现在的描述有"没想到现在她成了中国著名的小品演员,很多观众都很喜欢看她演的节目",所以只有B是对的。

75. B 根据短文中的"但是大家却很愉快"可以知道大家都很开心,愉快就是开心的意思。

76. D 在短文中,前面三项都没有提及,只有最后一项D在最后一句"可以通过此网站买票"反映出来。

77. C 这一题,从短文的最后一句"所以同学们以后一定要学会与人比较的方法"可以看出说话人最可能是老师。

78. C 从短文中"自从有了她家小亮"和"没当过妈妈的人是肯定感受不到的",可以看出李雪有小孩儿了。

79. C 短文提到"比较理想的减肥运动是跑步和散步",又分别对这两种运动做了介绍,说明这是在教人们如何减肥。

80—81.

80. B 短文中提到周杰伦"不爱讲话,性格不好,学习成绩也一直不好",所以AD不对;C项没有提到;根据"高中毕业后,他到一家饭馆儿当了名服务员"可知B是对的。

81. C 短文中提到"每天工作之余,他都会努地练习唱歌",还说"他就是当今非常著名的歌手周杰伦",说明周杰伦唱歌很好听。

82—83.

82. D 从短文中可以看到,人们现在有了电话和手机,所以可以随时随地联系别人,而之所以不再写信就是因为它没有电话和手机方便。

83. B 短文在介绍人们喜欢用电子邮件的原因时,提到"因为它们不但使用方便,速度很快,还不受时间和地点的限制"而不是"因为便宜"的原因。

84—85.

84. B 根据短文后面说的,等张然买好东西刚要走,售货员叫住了他:"先生,你母亲的钱还没给呢!"说明张然被那个老太太骗了,她不是想她的儿子,而是不想付钱。

85. B 根据这个小故事的结局,可以发现张然被那个老太太骗了,老太太只是想让张然帮她付钱。

阅读模拟练习(二)

阅 读

第一部分

第46—50题:选词填空。
A 唱歌　B 表示　C 诚实　D 坚持　　E 更　　F 不仅

例如:她每天都(D)走路上下班,所以身体一直很不错。

46. 我们要做一个(　　)的人,这样才会得到别人的信任。
47. 这些花(　　)长得很美丽,而且还很香。
48. 妈妈虽然不说话,但并不(　　)她生气了,所以你不要担心。
49. 你喜不喜欢(　　)?如果喜欢就给我们唱一首。
50. 我这次考得很不好,比上次(　　)差了。

第51-55题:选词填空。
A 激动　B 航班　C 温度　D 加油站　　E 鼓掌　F 大概

例如:A:今天真冷啊,好像白天最高(C)才2℃。
　　　　B:刚才电视里说明天更冷。

51. 女:汽车快没有油了,我们该怎么办呀?
　　男:那我们快去找找这附近哪儿有(　　)吧。

52. 女:小明今天的考试考得很好,我们大家给他(　　)表示鼓励吧。
　　男:是的,他一直很努力。

53. 男:还有一个小时呢,我们的(　　)是九点,我看能来得及的。
　　女:但是我害怕会迟到。

54. 女:我拿到律师证书了,我好(　　),那可是很难考到的。
　　男:祝贺你啊,我也准备考呢,希望我也能拿到。

55. 男:你看,天上有很多鸟儿,(　　)有四五百只。
　　女:是啊,可能是要下雨了吧。

第二部分

第56-65题：排列顺序。

例如： A 可是今天起晚了
　　　　B 平时我骑自行车上下班
　　　　C 所以就打车来公司

　　　　　　　　　　　　　　　　　　　　　　　B A C

56. A 而且一直放在水里
　　B 所以看起来非常旧了
　　C 这个船是很久以前制造的

57. A 他已经很久没回过家了
　　B 尽管心理已经做好了准备
　　C 但是家里的变化还是让他大吃一惊

58. A 现在已经开了很多了
　　B 在母亲的仔细照顾下
　　C 那些花儿买回来的时候还没有开花

59. A 又要把他们送去上学
　　B 这些天你既要陪他们去玩儿
　　C 你还有时间看那部电影吗

60. A 因为今天下雪
　　B 我们还是开慢点儿吧
　　C 所以为了安全考虑

61. A 这些都让我很感动
　　B 爸爸不仅打电话来鼓励我
　　C 还让妈妈送来很多学习方面的书

62. A 这里的草汁很多
　　B 所以它们才这么肥
　　C 羊群就是吃着这些草长大的

63. A 应该不能喝了
    B 这瓶水放在这已经很久了
    C 你出去的时候顺便把它扔进垃圾桶里吧

64. A 我还是不能弄懂
    B 你即使不停地跟我解释
    C 这些知识实在是很难弄明白

65. A 去上海的人很多
    B 如果不提前去买
    C 就买不到下星期的车票了

第三部分

第66-85题：请选出正确答案

例如：她很活泼，说话很有趣，总能给我们带来快乐，我们都很喜欢和她在一起。
　　★ 她是个什么样的人？
　　A 幽默　　　B 马虎　　　C 骄傲　　　D 害羞

66. 跟不熟悉的人说话时，一个简单的笑话就能拉近大家的距离，能更轻松地谈话，所以在合适的地方，偶尔的幽默是有好处的。
　　★ 这段话主要是谈：
　　A 做人要诚实　　　　　B 不要多说话
　　C 怎样交朋友　　　　　D 不要开玩笑

67. 家里没有洗衣机的时候，妈妈就是家里的"洗衣机"，经过妈妈手洗的衣服，穿在身上感觉很幸福。
　　★ 说话人可能是什么心情？
　　A 生气　　　B 烦恼　　　C 开心　　　D 激动

68. 小明很聪明，虽然没有在学校读过几年书，可是他喜欢看书，多少年来一直坚持学习。他读了很多关于法律方面的书，所以上次他顺利通过律师证考试，大家一点儿也不吃惊。
　　★ 小明：
　　A 考试失败了　　　　　B 以前是大学生
　　C 将来可能会是律师　　D 让很多人吃惊

69. 数学课上,老师解释完课本上的题目后,让我们回答问题,但是很久都没人举手回答,老师有点儿失望。就在这时,小华站了起来,老师很高兴,可是小华却说他要去洗手间。

★ 根据这段话,可以知道:

A 老师误会了　　　　　　B 数学题容易
C 我们讨厌数学　　　　　D 小华想要答题

70. 欢迎您乘坐K818号航班,请大家做好准备,我们马上就要离开这美丽的拉萨。如果您遇到什么问题,请及时通知我们,服务人员会马上来到您身边帮您解决。希望您愉快,谢谢。

★ 说话人可能在:

A 船上　　　B 汽车上　　　C 飞机上　　　D 火车站

71. 北京是中国的首都,这里有很多年的历史,它一直是中国的文化中心。只要你站在北京那儿,就能感受到中国的历史和文化。

★ 这段话主要是谈:

A 北京的风景　　　　　　B 中国的历史
C 北京的发展　　　　　　D 对北京的印象

72. 大家好!今天我们请来了著名的记者汪小姐,她将带给我们一段精彩的个人故事,现在让我们用掌声欢迎汪小姐的到来。

★ 说话人可能正在:

A 学表演　　　B 做节目　　　C 看电视　　　D 讲故事

73. 每个人都有脾气,很多人生气的时候喜欢乱发脾气,这往往让身边爱你的人变得不开心,在我们生气时要及时和别人交流,这才是正确的解决办法。

★ 生气时:

A 可以发脾气　　　　　　B 要多去跑步
C 要多吃东西　　　　　　D 需要告诉朋友

74. 晓月,你做饭的时候不要放那么多盐,味道太重了,我们都快受不了了。三年的北方生活让你变了很多,恐怕你已经不记得南方的生活习惯了吧。

★ 晓月:

A 是北方人　　　　　　　B 被批评了
C 以前爱吃咸　　　　　　D 没去过北方

75. 做生意最重要的是要有"信"。"信"就是要求对顾客礼貌而且诚实,这样顾客便会信任你,有了这种信任后,生意就差不多成了。
    ★ 这段话主要是谈论:
    A 信心   B 顾客   C 成功   D 信用

76. 理想是人们对将来生活的一种假想,就像海上的船需要方向一样,生活也要有方向。有了理想,才会知道下面的路,才会有方向,而你要想实现理想就要坚持付出。
    ★ 理想:
    A 没办法实现   B 容易发生变化
    C 与生活没关系   D 让人更加努力

77. 有一句广告说的是:"再小的力气也是一种支持。"保护环境需要每一个人去努力。希望这次课后,大家都要做一个保护环境的好学生。
    ★ 根据这段话,可以知道:
    A 他们在上课   B 广告很精彩
    C 他们在做计划   D 说话人在演出

78. 虽然暑假长,寒假短,但是我最喜欢寒假,因为寒假里有最重要的节日——春节。那时妈妈会做饺子给我们吃,而且还能见到很多亲戚。
    ★ 说话人为什么喜欢寒假?
    A 时间很短   B 能过春节
    C 能去旅游   D 看到下雪

79. 这个月我有五天的假,我准备去泰山旅游,但是最近公司有点儿忙,所以我有些担心,不是说"计划没有变化快"吗,如果那样,我就只能再等机会了。
    ★ 我担心:
    A 去泰山太累   B 计划要推迟
    C 公司计划失败   D 五天的假太少

80-81
有一天,晓兰遇见了刘秀,刘秀高兴地问她:"晓兰,我听说公司准备给我安排新的工作,让我去我最爱的"春城"昆明当分公司的经理,这是真的吗?"晓兰回答说:"刘秀,我不得不告诉你,你上当了。"
    ★ 刘秀为什么会高兴?
    A 遇见老同学了   B 以为要当经理了
    C 要去昆明出差   D 听说要发奖金

阅读模拟练习(二) | 89

★ 晓兰的意思是：
A 刘秀被骗了　　　　　B 刘秀很热情
C 出差很累人　　　　　D 要尊重刘秀

82-83

一位教授平时不是丢了眼镜盒,就是丢了包。特别是雨伞,几乎每个月他妻子都得要帮他买一把。教授为此暗暗地下决心,以后要多加小心。一天,教授上午出去,下午回来,得意地对夫人说:"今天我把伞给带回来啦!"说着,他拿出一把伞。"看你粗心的,你今天没有带伞出去呀!"

★ 教授为什么要小心？
A 总是走错路　　　　　B 容易丢东西
C 常忘记带雨伞　　　　D 妻子总批评他

★ 妻子说他粗心是因为教授：
A 又回来晚了　　　　　B 又忘了带伞
C 爱丢眼镜盒　　　　　D 拿了别人的伞

84-85

数学课开始了,班里还是很吵,老师便对学生们说:"现在已经上课了,我的孩子们,我要你们保持绝对安静,静得你们连一根针掉到地上都听得见。"过了一会儿,全班静下来了,突然,一个小男孩儿大声叫道:"老师！你快扔针吧！"

★ 老师的意思是：
A 不让说话　　　　　　B 一会要打针
C 要做游戏了　　　　　D 不要乱扔东西

★ 小男孩为什么要那样说？
A 不想打针　　　　　　B 想要说话
C 想要玩儿游戏　　　　D 误解了老师

题解：

46-50

46. C　"人"前面应该跟一个形容词,选项中只有C选项,诚实,合适。

47. F　这句话后面出现了"而且",这是表示递进关系的连词,通常与"不仅"连用。

48. B	"不"和"她"之间应该跟一个动词,而且根据题意,只有"表示"用在这里最合适。	
49. A	根据后面的"唱一首",可以推断出前面应该填"唱歌"。	
50. E	句子中出现了"比",所以应该填一个表示程度的副词,选项中只有"更"合适。	

51–55

51. D	对话中提到"汽车快没有油了",所以最常见的搭配就是找"加油站"。
52. E	一般提到"鼓励"时,常会出现"鼓掌"作为鼓励的方式。
53. B	通过前后对话,可以知道这里缺少一个有时间限制的名词,选项中"航班"最合适。
54. A	对话中提到"我拿到律师证书了",并说"那可是很难考到的",说明说话人此时应该是开心的,要用一个褒义形容词修饰,所以应该选择"激动"。
55. F	根据对话中对鸟儿数目的描述"四五百只",说明说话人只是估计得出的结论,表示不精确的说法就是"大概"。

56–65

56. CAB	C句的"这个船"是三个分句共同的主语,所以放在最前面;A句的"而且"表示对上一句的递进;B句的"所以"表示结论。
57. ABC	A句是整个句子的前提,B句是连接AC句的过渡,C句表示结论。
58. CBA	按照时间顺序,C句是最早发生的,B句是A句的前提条件,A介绍的是现在的情况。
59. BAC	B句的"既要"和A句的"又要"构成了并列关系。C句是针对前面两句进行的提问。
60. ACB	A句的"因为"和B句的"所以"构成了因果关系,B句是针对这两句提出的建议。
61. BCA	"不仅"和"还"是固定的结构,所以B在C的前面。A的"这些"是指B和C。所以是BCA。
62. ACB	"所以"常常在最后。C里的"这些草"说的是A的"这里的草",所以A应该在C的前面。所以是ACB。
63. BAC	B句的"这瓶水"是全句的话题,所以放在最前面;A句是对B句的进一步描述,C句是针对前面两句提出的建议。
64. CBA	C句是对"这些知识"总的描述,B句的"即使"和A句的"还是"表明了条件关系。
65. ABC	A句是BC两句的前提,B句的"如果"和C句的"就"应该连在一起使用。

66–85

66. C 短文介绍了"跟不熟悉的人说话"应该用什么样的方式,说明这是在教人们应该怎样交朋友。

67. C 在短文的最后提到"经过妈妈手洗的衣服,穿在身上感觉很幸福",从"幸福"这个词就可以看出说话人的心情应该是开心。

68. C 根据短文可知,小明"没有在学校读过几年书"说明B是错的,而且他"顺利通过律师证考试",说明A是错的,C是对的;而最后一句"大家一点儿也不吃惊"说明D是错的。

69. A 根据短文可以知道,老师误以为小华举手是为了要回答问题的,其实小华是想去上厕所的。

70. C 从第一句"欢迎您乘坐K818号航班"就可以推断出说话人是在飞机上。

71. D 这段文章主要是在谈"北京",介绍了自己对北京的认识和感受,也就是对北京的印象。

72. B 从短文最后一句"现在让我们用掌声欢迎汪小姐的到来"可以知道这是在做一个电视节目。

73. D 短文中提到"在我们生气时要及时和别人交流",和别人交流也就是要告诉朋友的意思。

74. B 短文中提到"三年的北方生活让你变了很多,恐怕你已经不记得南方的生活习惯了吧",说明晓月是南方人,过去不爱吃盐,曾去过北方,所以ACD都不对,只有B是对的。

75. D 根据这句"信"就是要求对顾客礼貌而且诚实,可以知道这里的"信"是指信用。

76. D 短文中对理想描述的最后一句说"而你要想实现理想就要坚持付出",说明理想使人懂得要更加努力。

77. A 根据短文中提到的这句"希望这次班会课后,大家都要做一个保护环境的好学生",说明这是在课堂上。

78. B 短文中,说话人在解释自己为什么喜欢寒假时说"因为寒假里有最重要的节日——春节",所以应该选择B。

79. B 短文中提到说话人计划去泰山,但又担心公司会有事,不能去,说明他很怕计划会推迟。

80—81.

80. C 根据短文中刘秀说的"我听说公司准备给我安排新的工作,让我去我最爱的'春城'昆明当分公司的经理",可以知道刘秀高兴是因为她以为自己要当经理了。

81. A 晓兰说的"你上当了",就是被骗了的意思。

82—83.
82. B 根据短文中对教授"不是丢了眼镜盒,就是丢了包""特别是雨伞,几乎每个月他妻子都得要帮他买一把"可知,教授很容易丢东西。
83. D 短文最后,当教授拿着一把伞回家时,他妻子说"你今天没有带伞出去呀",说明教授错把别人的伞拿回来了。

84—85.
84. A 根据短文中提到的"我要你们保持绝对安静",说明老师希望同学们不要说话了。
85. D 老师说"静得你们连一根针掉到地上都听得见"是用夸张的说法要求同学们保持安静,但小男孩却真的以为老师要扔针,说明他误会了老师的意思。

书写题

第一部分　完成句子

一、题型介绍

这部分一共10道题,每题提供几个词语,要求考生把这几个词语排列出一个正确的句子。例如:

> **例题1**
> 学校的　这样做　符合　规定　不
> 答案:这样做不符合学校的规定。
>
> **例题2**
> 一夜没睡　高兴　王东　得
> 答案:王东高兴得一夜没睡。
>
> **例题3**
> 　比打电话　方便　发邮件　多了
> 答案:发邮件比打电话方便多了。

例1主要考查动词搭配,例2考查的是动补结构,例3考查的是比字句。这一部分要注意以下两点:
（1）熟悉动词、形容词的用法和搭配;
（2）掌握把字句、被字句、比较句等常考句式的特点。

二、考点、答题技巧、专项练习及答案

考点一：动词谓语句

1. 结构分析

王东		吃了		一个苹果。
名词	+	动	+	名词(宾语)
主语		谓语		

动词"吃"和宾语"一个苹果"组成了句子的谓语,表示王东做了什么,"王东"是句子的主语,表示"吃苹果"这个动作是他做的。

2. 答题技巧:
(1) 根据动词标记找出动词

动词	(1)在/正在+V	小红在学习。/她正在做饭。
	(2)VV/V 了 V/V 一 V	你尝尝。/他看了看手表。/你来说一说。
	(3)V+了/V+着/V+过	他走了。/她骑着一辆自行车。/我看过这本书。

如果题目中出现了"了"、"着"、"过"和"一下"等词语,那一般能找出动词。

(2) 找动词的主语和宾语

> **例题4**
> 区别　发现　你　这两张照片的　吗　了
> 答案:你发现这两张照片的区别了吗?
>
> **例题5**
> 公司　机会　提供了　一些　学习　的
> 答案:公司提供了一些学习的机会。

主语和宾语一般都是名词,主语发出动作,一般都是有生命的,区分主语和宾语并不难,但有时题目中经常出现三个以上的名词,这时候要做出选择。在例题4中,动词是"发现",名词性成分有"你"、"这两张照片"、"区别",其中只有"你"是有生命的,是主语,剩下的两个名词都能做"发现"的宾语,但是放到一个句子里头,宾语只能是"区别","这两张照片"加"的"构成了"区别"的定语。

例题5也很类似,句子的主干是"公司提供了机会",什么样的"机会"呢?是"一些学习的机会"。

这种题型重点考查的是动词搭配名词的情况,要注意的是,有些比较特殊的动词经常带动词性宾语,例如:

> **例题6**
> 看懂　能　他　中文　说明书
> 答案:他能看懂中文说明书。
>
> **例题7**
> 音乐　喜欢　流行　他　听
> 答案:他喜欢听流行音乐。

这种常常带动词性宾语的动词主要有以下几个：

喜欢	他喜欢游泳。
想	我明天想休息休息。
计划	麦克计划去中国留学。
打算	小红打算明天去办签证。
决定	政府决定扩大调查范围。
准备	公司准备在南京开分公司。
进行	大家对这个问题进行了讨论。
能	你能再说一遍吗？
会	她会说广东话和上海话。
得	我得提前买火车票。
必须	学生必须按时交作业。
应该	你应该向校长学习。

专项练习一

1. 你　妈妈　包的饺子　吃　喜欢　吗

   _____

2. 意见　这件事情　他　有　对

   _____

3. 放弃　他　了　当班长　的　机会

   _____

4. 我　很多　最近　烦恼　有

   _____

5. 他　去　和父亲　羽毛球　打　楼下　偶尔

   _____

6. 这些新歌　流行　年轻人　在　非常　中

   _____

7. 需要　售货员　购物的　服务　为　顾客

   _____

8. 喝　　　记得　　　　明天下午　　　下午茶　　　　一起去
_____

9. 接受过　　　没有　　　他　　　正式的　　　从来　　　教育
_____

10. 因为　　　那位警察　　　勇敢　　　表扬　　　而　　　受到
_____

11. 毕业后　　　小刚　　　一名记者　　　想做
_____

12. 一段　　　都想有　　　浪漫的爱情　　　年轻人
_____

13. 表扬了　　　今天　　　勇敢的小风　　　老师
_____

14. 总会有　　　很多朋友　　　活泼的人　　　性格
_____

15. 生命的　　　应该先　　　安全　　　游玩儿时　　　保证
_____

16. 有个　　　我　　　吃巧克力的　　　喜欢　　　研究生朋友
_____

17. 我们学校　　　演出　　　著名的　　　要来　　　演员赵本山
_____

18. 银行卡密码　　　做为　　　用手机号码　　　喜欢　　　许多人
_____

19. 喜欢　　　散步　　　她　　　在森林里
_____

20. 吃　　　讨厌　　　辣的东西　　　李明
_____

21. 我喜欢　　聊天　　一起　　和王教授

22. 知识　　从生活中　　要　　积累

23. 做　　一名记者　　是　　我的理想

24. 第一名　　他　　在游泳比赛中　　获得了

25. 应该　　考虑一下　　我们　　演出的节目

26. 消息　　他　　有利的　　很多　　提供　　了

27. 你　　可以　　详细　　吗　　一下　　解释

28. 质量　　我们　　重视　　洗衣机的　　公司　　很

29. 机会　　有　　我　　留学　　希望

30. 来不及　　飞机　　我　　那班　　乘坐

31. 我　　提醒　　明天　　取钱　　别忘了　　去　　银行

32. 不得不　　今天　　推迟　　了　　会议　　的

33. 怎么样　　感觉　　你　　这台　　笔记本

34. 吃　　　最喜欢　　　西红柿　　　王教授
_____

35. 准时　　　必须　　　首都机场　　　我　　　到
_____

36. 抽烟　　　飞机　　　禁止　　　时　　　乘坐
_____

37. 污染　　　会　　　我们　　　塑料袋　　　知道　　　地球
_____

38. 麦克　　　留学　　　计划　　　中国　　　去
_____

39. 足球赛　　　进行　　　操场上　　　正在　　　一场
_____

40. 中国菜　　　会　　　吗　　　做　　　你
_____

答案：

1. 你喜欢吃妈妈包的饺子吗？

2. 他对这件事情有意见。

3. 他放弃了当班长的机会。

4. 我最近有很多烦恼。

5. 他偶尔和父亲去楼下打羽毛球。/他和父亲偶尔去楼下打羽毛球。

6. 这些新歌在年轻人中非常流行。

7. 售货员需要为购物的顾客服务。

8. 记得明天下午一起去喝下午茶。/明天下午记得一起去喝下午茶。

9. 他从来没有接受过正式的教育。

10. 那位警察因为勇敢而受到表扬。

11. 毕业后小刚想做一名记者。/小刚毕业后想做一名记者。

12. 年轻人都想有一段浪漫的爱情。

13. 老师今天表扬了勇敢的小风。

14. 性格活泼的人总会有很多朋友。

15. 游玩儿时应该先保证生命的安全。

16. 我有个喜欢吃巧克力的研究生朋友。

17. 著名的演员赵本山要来我们学校演出。

18. 许多人喜欢用手机号码作为银行卡密码。

19. 她喜欢在森林里散步。

20. 李明讨厌吃辣的东西。

21. 我喜欢和王教授一起聊天。

22. 知识要从生活中积累。/要从生活中积累知识。

23. 做一名记者是我的理想。/我的理想是做一名记者。

24. 他在游泳比赛中获得了第一名。/在游泳比赛中,他获得了第一名。

25. 我们应该考虑一下演出的节目。/演出的节目我们应该考虑一下。

26. 他提供了很多有利的消息。

27. 你可以详细解释一下吗?/你详细解释一下可以吗?

28. 我们公司很重视洗衣机的质量。

29. 我希望有机会留学。/我希望有留学机会。

30. 我来不及乘坐那班飞机。/我乘坐那班飞机来不及。

31. 别忘了提醒我明天去银行取钱。

32. 今天的会议不得不推迟了。

33. 你感觉这台笔记本怎么样？/这台笔记本你感觉怎么样？

34. 王教授最喜欢吃西红柿。

35. 我必须准时到首都机场。

36. 乘坐飞机时禁止抽烟。/禁止乘坐飞机时抽烟。

37. 我们知道塑料袋会污染地球。

38. 麦克计划去中国留学。

39. 操场上正在进行一场足球赛。/一场足球赛正在操场上进行。

40. 你会做中国菜吗？/中国菜你会做吗？

考点二：形容词谓语句

1. 结构分析

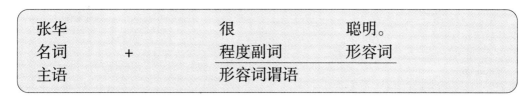

例句中形容词"聪明"说明了名词主语"张华"的情况。副词"很"跟形容词"聪明"组成了句子的谓语，这就是形容词谓语句。

例题 8
有效　这种药　对　头疼　很
答案:这种药对头疼很有效。

例题 9
南方　的　湿润　气候　很
答案:南方的气候很湿润。

例题 10
内容　那本杂志　的　十分　丰富
答案:那本杂志的内容十分丰富。

2. 答题技巧

（1）先找程度副词。如果题目中出现"很"、"非常"、"特别"、"太"、"极了"、"更"、"比较"、"相当"这些副词,那么该题基本上就是形容词谓语句。

（2）找出形容词。例8中的形容词是"有效",它跟副词"很"组成了本句的谓语"很有效"。例9中的形容词"湿润"跟副词"很"构成了句子的谓语。而例10中则是由副词"十分"修饰形容词"丰富"构成谓语。

（3）找形容词的主语。如果题目中只出现一个名词,那它肯定就是形容词的主语。但通常题目中会出现两个名词,例9中 就同时出现了"南方"和"气候"两个名词,这时候就要分清主次,真正的主语是"气候","南方"加"的"构成"气候"的定语。例10中,主语是"内容","那本杂志"和"的"构成主语。

专项练习二

1. 空气　　越来越　　污染　　严重　　这些年
　_____

2. 是一个　脾气　　李教授　　非常好的人
　_____

3. 非常　　秋天　　气候　　干燥
　_____

4. 真　　这儿的　　美　　风景　　啊
　_____

5. 幽默　　这个　　笑话　　很　　确实
_____

6. 很　　干燥　　气候　　北京的
_____

7. 著名　　是　　她　　当时　　最　　女演员　　的
_____

8. 打针　　特别　　女儿　　讨厌
_____

9. 困难　　冷静　　一定要　　我们　　遇到
_____

10. 事情　　这　　一件　　值得祝贺的　　真是
_____

11. 是　　实在　　太幽默了　　李华
_____

12. 不错的　　一个　　选择　　打网球　　是
_____

答案：

1. 这些年空气污染越来越严重。

2. 李教授是一个脾气非常好的人。

3. 秋天气候非常干燥。

4. 这儿的风景真美啊！

5. 这个笑话确实很幽默。

6. 北京的气候很干燥。

7. 她是当时最著名的女演员。

8. 女儿特别讨厌打针。

9. 我们遇到困难一定要冷静。/遇到困难我们一定要冷静。

10. 这真是一件值得祝贺的事情。/这真是值得祝贺的一件事情。

11. 李华实在是太幽默了。

12. 打网球是一个不错的选择。

考点三：兼语句

1. 结构分析

我	让	哥哥	送我回家。
主语 +	谓语1 +	兼语 +	谓语2

语义上，例句中的"哥哥"既是谓语1"让"的宾语，即"让"的对象，又是谓语2"送我回家"的主语，即做"送我回家"这一动作的人。"哥哥"既是宾语，又是主语，身兼二"职"，汉语中这类句子，我们称为"兼语句"。

例题11
人　　真　　让　　他的话　　生气
答案：他的话真让人生气。

例题12
我　　你　　明天　　请　　吃饭。
答案：明天我请你吃饭。

2. 答题技巧：

（1）能出现在谓语1位置上的动词不多，有"让"、"叫"、"派"、"逼"、"使"、"令"等。

（2）"使"字句和"令"字句经常考，要特别重视。
　　　A+使+B+谓语2　　　这个消息让他很吃惊。
　　　A+令+B+谓语2　　　他的要求令人不满。

专项练习三

1. 使　　他　　信任　　很多人　　诚实　　他的
   _____

2. 诚实的孩子　　做　　老师　　要求　　我们
   _____

3. 让　　妈妈　　我们　　打扰　　妹妹　　练歌　　不要
   _____

4. 小刘　　大家　　去　　参观　　请　　学校　　他的
   _____

5. 老师　　报名　　我们　　叫　　马上
   _____

6. 每一个人　　他的话　　让　　后悔　　都　　了
   _____

7. 派　　公司　　我　　决定　　去　　访问　　美国
   _____

8. 消息　　高兴　　这个　　人　　令　　真
   _____

9. 这种事　　逼　　做　　我　　了　　再　　不要
   _____

10. 回家　　不　　我　　警察　　让
    _____

答案：

1. 他的诚实使很多人信任他。

2. 老师要求我们做诚实的孩子。

3. 妈妈让我们不要打扰妹妹练歌。/妈妈让妹妹不要打扰我们练歌。

4. 小刘请大家去参观他的学校。

5. 老师叫我们马上报名。/我们叫老师马上报名。

6. 他的话让每一个人都后悔了。

7. 公司决定派我去美国访问。

8. 这个消息真令人高兴。

9. 不要再逼我做这种事了。/这种事不要再逼我做了。

10. 警察不让我回家。

考点四：双宾句

1. 结构分析

```
我        给         王东           一个手机
主语  +  给予动词  +  近宾语/接受者  +  远宾语/给予的事物
```

双宾句表示给予，格式为：给予义动词 + 名词1 + 名词2，其中名词1是接受者，名词2是给予的事物。句中的"给"是给予义动词，"王东"是接受"手机"的人。

例题 13
多   了   十块钱   还   小明   我
答案：我多还了小明十块钱。/小明多还了我十块钱。

2. 答题技巧

(1) 熟悉常用的给予义动词："送"、"给"、"还"、"卖"等。

(2) 记住两个宾语的顺序，接受东西的人在前，东西在后。

专项练习四

1. 小王　　借　　我　　了　　书　　三本
_____

2. 麦克　　昨天　　三百块　　我　　还给
_____

3. 李风　　一辆　　他朋友　　卖给　　自行车
_____

4. 生日礼物　　送给　　我爸爸　　做　我　　鞋　　一双
_____

5. 英语　　张老师　　教　　一年级
_____

6. 问题　　小林　　经常　　问　　他妈妈
_____

答案

1. 小王借了我三本书。/我借了小王三本书。

2. 麦克昨天还给我三百块。/我昨天还给麦克三百块。

3. 李风卖给他朋友一辆自行车。/他朋友卖给李风一辆自行车。

4. 我爸爸送给我一双鞋做生日礼物。/我送给我爸爸一双鞋做生日礼物。

5. 张老师教一年级英语。

6. 小林经常问他妈妈问题。

考点五：比字句

1. 结构分析

| 王东 | 比 | 李明 | 高。 |
| A | + 比 + | B + | 形容词。 |

2. 答题技巧

掌握比较句的各种格式：

肯定形式	A+比+B+更/还+形容词	今天比昨天还/更冷。
	A+比+B+形容词+一点儿/一些	这本比那本贵一点儿/一些。
	A+比+B+形容词+得多/多了	北京比老家大得多/多了。
否定形式	A+没有/没+B+形容词	昨天没(有)今天冷。
	A+不如+B+形容词	那本不如这本好。

专项练习五

1. 张明　　勇敢　　比　　他哥哥　　得多

　　_____

2. 事情　　顺利　　我们　　得　　那么　　没有　　估计

　　_____

3. 他　　解释　　详细　　得　　老师　　比

　　_____

4. 你　　我　　会　　失望　　更　　只　　比

　　_____

5. 钱云　　成熟　　比　　还　　他哥哥

　　_____

6. 这张　　旧的　　新床　　比　　一点儿　　宽

　　_____

7. 今天　　昨天　　凉快　　不如

_____

8. 你们　　老师心里　　比　　难受　　更

_____

9. 陈好的　　正确　　答案　　更　　一些

_____

答案：

1. 张明比他哥哥勇敢得多。/他哥哥比张明勇敢得多。

2. 事情没有我们估计得那么顺利。

3. 他解释得比老师详细。/老师解释得比他详细。

4. 我只会比你更失望。/你只会比我更失望。

5. 钱云比他哥哥还成熟。/他哥哥比钱云还成熟。

6. 这张新床比旧的宽一点儿。/这张旧的比新床宽一点儿。

7. 今天不如昨天凉快。/昨天不如今天凉快。

8. 老师心里比你们更难受。/你们比老师心里更难受。

9. 陈好的答案更正确一些。

考点六："是……的"结构

1. 结构分析

| 我　　是　　坐飞机来　　的。 |

强调来的方式是"坐飞机"。

> **例题 14**
> 今年春天　　我妹妹　　结婚　　是　　的
> 答案：我妹妹是今年春天结婚的。

2. 答题技巧

（1）看到题目中有"是……的"的时候，先不管它，把剩下的词组成句子。
例14中，"今年春天"、"我妹妹"、"结婚"可以组成"我妹妹今年春天结婚"。

（2）把"是……的"放到合适的地方。
"是……的"用法主要有三种：
强调时间：我是昨天到北京的。
强调地点：票是在汽车站买的。
强调方式：我是开车来的。
看句子中是否有表示时间、地点或方式的成分，如果有的话，"是"应该放在这些成分之前。例14中有时间成分"今年春天"，因此最后的句子应该为"我妹妹是今年春天结婚的"。

专项练习六

1. 谁的　　这面　　究竟　　是　　镜子

2. 问题　　谁　　这个　　的　　是　　反映

3. 去　　你　　什么　　的　　时候　　打针

4. 吗　　这些　　你　　一个人　　收拾　　的　　都是

5. 这　　事故　　引起　　是　　的　　怎么　　起

6. 晚会　　昨天　　的　　谁　　组织　　的　　是

7. 资料　　在　　这些　　哪儿　　的　　复印

_____

8. 哪　　你　　毕业　　一　　的　　是　　年

_____

答案:

1. 这面镜子究竟是谁的?

2. 这个问题是谁反映的?

3. 你什么时候去打针的?

4. 这些都是你一个人收拾的吗?

5. 这起事故是怎么引起的?/是怎么引起的这起事故?

6. 昨天的晚会是谁组织的?/是谁组织的昨天的晚会?

7. 这些资料在哪儿复印的?/在哪儿复印的这些资料?

8. 你是哪一年毕业的?

考点七: 动补结构

1. 结构分析

他　　打　　碎　了　两个杯子
主语 + 谓语动词 + 补语 + 宾语

例句中的形容词"碎"说明了动作"打(两个杯子)"的结果,"碎"就是现代汉语中的补语,谓语动词与其补语共同构成动补结构。例句中的"打碎"就是动补结构。

例题15
整理　　儿子的学习资料　　得　　很清楚
答案:儿子的学习资料整理得很清楚。

2. 答题技巧

掌握动补结构的几种补语类型：

（1）结果补语　补语部分是动词或形容词，不带"得"，表示动词所带来的结果。

> 动词+形容词：洗干净　说清楚　变好　抬高　压低
> 动词+动词：写完　听见　听懂　学会　拿走　打死　拉住

（2）趋向补语　补语表示运动的方向，动词和补语中间不带"得"。

> 动词　　　　　+　　　　趋向补语
> 走　　　　　　　　　　进、出、上、下、回、过
> 跑　　　　　　　　　　上来、上去、下来、下去、进来、进去、
> 　　　　　　　　　　　出来、出去、回来、回去、过来、过去

（3）可能补语　动词和补语中间加"得"或"不"，表示能做什么或不能做什么。

> 　　　　　　　肯定式　　　　　　否定式
> 吃完　　　　　吃得完　　　　　　吃不完
> 看完　　　　　看得完　　　　　　看不完
> 说清楚　　　　说得清楚　　　　　说不清楚

（4）程度补语　肯定式和否定式中间都带"得"，表示动词所达到的程度或状态。

> 肯定式　　　　　　　　　否定式
> 写得很好　　　　　　　　写得很不好
> 洗得很干净　　　　　　　洗得不干净
> 好得很
> 热得不得了
> 高兴得跳了起来
> 难过得哭了一整天

专项练习七

1. 马虎　　　他　　　做事情　　　非常

2. 玩儿　　上午　　我　　得　　很愉快　　今天

_____

3. 会　　我咳嗽时　　特别难受　　觉得

_____

4. 这场　　精彩　　特别　　演出

_____

5. 整齐　　真　　收拾得　　这个房间

_____

6. 兴奋　　马东　　得　　睡不着　　怎么　　也　　了

_____

7. 现在　　我　　不了　　适应　　气候　　到　　还　　这儿的

_____

8. 感动　　哭　　了　　得　　他　　起来

_____

9. 车上　　丢　　我　　了　　帽子　　的　　在

_____

10. 说　　他　　翻译　　你　　对　　得　　不对

_____

答案：
1. 他做事情非常马虎。

2. 今天上午我玩儿得很愉快。/我今上午玩儿得很愉快。

3. 我咳嗽时会觉得特别难受。

4. 这场演出特别精彩。

5. 这个房间收拾得真整齐。

6. 马东兴奋得怎么也睡不着了。

7. 我到现在还适应不了这儿的气候。/现在我还适应不了这儿的气候。

8. 他感动得哭了起来。

9. 我的帽子丢在车上了。

10. 你说他翻译得对不对？/他说你翻译得对不对？

考点八：把字句

1. 结构分析

王东　　　　　把　　自行车　　　　　　骑走了。
主语/做动作的人　+　把　+　把字宾语/动作对象　+　谓语

例句就是一个把字句,其中名词"王东"是句子的主语,是做出"骑车"动作的人。名词"自行车"是"把"字的宾语,是"骑"这个动作的对象,"走了"表示"骑"这个动作带来的结果。

例题16
电脑　你　把　关了
答案：你把电脑关了。

2. 答题技巧

（1）一定要记住"把"字句后边的宾语是动词作用的对象。

（2）熟悉把字句的常用格式：
　　A+把+B+动词+补语　　　　　李红把电脑弄坏了。
　　A+把+B+动词+得+补语　　　张远把午饭吃得一点儿不剩。
　　A+把+B+动词+给+C(人)　　张东把礼物送给李红了。
　　A+把+B+动词+到+C(地点处所)　你把这把钥匙送到办公室。

专项练习八

1. 把　　准确地　　这个句子　　出来　　排列　　请你

2. 五份　　这份材料　　请把　　打印
_____

3. 污染　　河　这家　　这里　　公司　　把　的　都　了
_____

4. 刘云　　花　　把　　在　　头上　　戴　　了
_____

5. 女儿　　一样　把　　打扮　　她　跟　男孩儿　得
_____

6. 别　你　　我的　　错　　写　　把　　名字　　了
_____

7. 心情　　把　当时的　笔记本　　都　在　了　上　写　他
_____

8. 比赛　　想　　那么　　不要　把　　容易　　得
_____

9. 所有　文章　　的　他　　了　一遍　　都　　把　　看
_____

10. 一位　　自己的　老人　黄明　　座位　把　让给　了
_____

答案：
1. 请你把这个句子准确地排列出来。

2. 请把这份材料打印五份。

3. 这家公司把这里的河都污染了。

4. 刘云把花戴在了头上。

5. 她把女儿打扮得跟男孩儿一样。

6. 你别把我的名字写错了。

7. 他把当时的心情都写在笔记本上了。

8. 不要把比赛想得那么容易。

9. 他把所有的文章都看了一遍。

10. 黄明把自己的座位让给了一位老人。

考点九：被动句

1. 结构分析

| 窗户 | 被 | 王东 | 打碎了。 |
| 主语/动作对象 + 被 + 被字宾语/做动作的人或物 + 谓语 |

例句就是一个被字句，其中名词"窗户"是动作"打"的对象，在句中做主语；名词"王东"是做出动作的人，在句中做谓语，动作"打碎"在句子中做谓语。

例题17
骂　　　李红　　　被　　　哭了
答案：李红被骂哭了。

2. 答题技巧

(1) 记住"被"后边的宾语一定是做出动作的人。

(2) "被"后边的宾语可以不出现，如例17。

(3) 熟悉被动句的其他格式
　　A+让+B+VP　　　新买的手机让人偷了。
　　A+叫+B+VP　　　他叫人给打了一顿。
　　A+由+B+VP　　　这里的工作由他负责。

专项练习九

1. 停止　　他　　被　　了　　所有的　　工作

2. 邀请　我　的　他　拒绝　了　被
_____

3. 水　多　浪费　这么　都　你　叫　了
_____

4. 昨天　又　我　人　骗　被　了
_____

5. 安排　这　我　由　来　活动　次
_____

6. 歌声　吸引　我　被　了　的　她　住
_____

7. 撞　我哥哥　车　伤　被　了
_____

8. 弟弟　被　鸡蛋　破　了　打
_____

9. 手机　我　不知道　的　谁　拿走　了　让
_____

10. 老师　他　又　批评　被　了
_____

答案：
1. 他被停止了所有的工作。

2. 我的邀请被他拒绝了。

3. 这么多水都叫你浪费了。

4. 昨天我又被人骗了。

5. 这次活动由我来安排。

6. 我被她的歌声吸引住了。

7. 我哥哥被车撞伤了。

8. 鸡蛋被弟弟打破了。

9. 我的手机不知道让谁拿走了。

10. 他又被老师批评了。

第二部分　看图、用词造句

一、题型介绍

第二部分,共5题。每题提供一张图片和一个词语,要求考生根据图片用这个词语写一个句子,词语以名词、动词和形容词为主。

常见错误:

1. 不知道词的意思;
2. 写的句子跟图片没有关系;
3. 老想把句子写得长,写得漂亮,但是不能保证正确性。

二、答题技巧

1. 熟悉四级大纲中重点名词、动词和形容词的用法。
2. 利用图片,补充有用信息。
3. 先保证写对,再追求内容丰富。

三、考点、专项练习及题解

考点一：形容词

例题1

激动

参考答案：球进了,他们激动得不得了。

这道题考的是形容词,我们应该这样做题:

1. 补出程度副词或程度补语,例如:非常激动\特别激动\激动得不得了。要特别重视"激动得跳了起来"这样的程度补语,因为更容易得到高分。
2. 补出主语,这个信息要从图片中找。例题中的主语简单一点儿说是"他们"或者"两个男人",复杂一点儿可以说"两个年轻的男人"、"两个穿着T恤的小伙子"等。
3. 把主语和谓语合成句子。例题中,简单的说:他们很激动。

复杂的句子:两个穿着T恤的小伙子激动得不得了。
4. 还可以通过图片联想一些有用的信息。例题中,我们猜测两人是在看球,他们激动的原因很可能是"球进了"。这样就得出了最后的答案:"球进了,他们激动得不得了",不仅语法上正确,而且内容很丰富,可以得到满分。

专项练习一

1.

美丽

2.

失望

3.

激动

4.

浪漫

5.

得意

6.

紧张

7.

仔细

参考答案：
1. 这些红色的花开得很美丽。
   许多人来公园看这些美丽的花。

2. 当经理告诉他这个月的加班没有奖金时，他非常失望。
   他非常失望，因为这次比赛没有获得第一。

3. 听到这个好消息，她激动得跳了起来。
   她很激动，因为自己考上了理想的大学。

4. 他们都是很懂得浪漫的人。
   和自己喜欢的人坐在海边聊天是件很浪漫的事。

5. 经理因为她工作努力表扬了她，她非常得意。
   不要取得一点点成功就那么得意，你应该继续努力。

6. 马上就要上台比赛了，她显得非常紧张。
   这个人紧张得一句话也说不出来。

7. 我们看书时一定要仔细。
   仔细阅读课文才能得出答案。

考点二：动词

例题2

讨论

参考答案：这三个人正在电脑前讨论工作中的问题。

本题考的是动词，我们应该这样做题：

1. 给动词补出"了"、"着"、"过"、"正在"、"正……呢"等表示时间的成分，例题可以表示为："……正在讨论……"
2. 根据动词的用法和图片信息，补出主语和宾语。例题中主语可以是"这三个人"或"这三位公司职员"，"讨论"最常用的宾语是"问题"，从图片看，他们讨论的很可能是"工作中的问题"。因此我们可以得到这样的句子：这三个人正在讨论工作中的问题。
3. 从图片中找其他有用信息。图片中有一个电脑，他们讨论的场所是"在电脑前"，那么可以得到最后的答案：这三个人正在电脑前讨论工作中的问题。

专项练习二

1.

散步

2.

拒绝

3.
邀请

4.
鼓掌

5. 扔

6. 理发

7. 打扮

8. 流泪

9.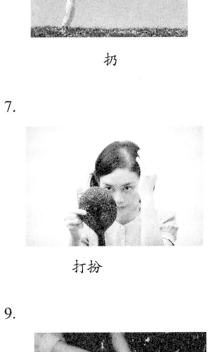
鼓励

10.
购物

11.
阅读

参考答案：
1. 没事的时候我和奶奶经常在公园里散步。
   吃完饭后散步有利于身体健康。

2. 他拒绝了我的帮助。
   小王拒绝帮爸爸做这个调查。

3. 我邀请他来参加我们公司的集体会议。
   我很高兴他能邀请我去看足球比赛。

4. 全公司的同事都在给他鼓掌加油。
   观众为演员们的精彩表演鼓掌。

5. 风把她刚刚扔掉的材料刮走了。
   我扔掉了手中的工作，想感受一下自然的美丽。

6. 这个人正在认真地帮孩子理发。
   经常理发会让人变得更加精神，更加自信。

7. 她喜欢把自己打扮得很漂亮。
   打扮漂亮的女人会更有自信。

8. 小女孩儿伤心地流泪了。
   这个流泪的小女孩儿很可怜。

9. 足球比赛前运动员们相互握手鼓励。
   同学们一起握手鼓励着自己。

10. 周末时女孩子喜欢出去购物。
    每次购物我都感觉很累。

11. 我们要养成阅读的好习惯。

经常阅读杂志可以丰富我们的知识。

考点三：名词

参考答案：这位京剧演员的表演非常精彩。

本题考的是名词"京剧"，从图片上我们看到一个"演员"这样就得到了两个名词"京剧"和"演员"。

下面要做的是补出动词或形容词，使句子完整。常跟"京剧"搭配的动词是"表演"，可以得出这样的句子：这位女演员正在表演京剧。

"京剧"可以用形容词"精彩"来修饰，这样句子可以丰富为：这位女演员正在表演京剧，非常精彩。或者：这位京剧演员的表演非常精彩。

专项练习三

1.

钥匙

2.

阳光

3.

洗衣机

4.

人民币

5.

沙发

6.

警察

7.

叶子

8.

风景

9.

窗户

10.

森林

参考答案:
1. 你拿着这些钥匙先去把办公室的门打开。
   这是我昨天在图书馆捡到的钥匙。

2. 你看今天的阳光多好,咱们出去走走吧。
   你看阳光多好,看来今天不会下雨。

3. 这种洗衣机使用起来非常方便。
   这里卖的洗衣机都是由中国制造的。

4. 在香港购物也可以使用人民币。
   这些刚从银行取出来的人民币都很新。

5. 我非常喜欢这个白色的沙发。
   这个干净的沙发给人一种很安静的感觉。

6. 这些警察经常帮助我们解决难题。
   遇到困难的时候,我们可以找警察帮忙。

7. 每到秋天的时候,树上的叶子都会变红。
   院子里落了很多叶子,我要去打扫干净。

8. 美丽的风景是大自然送给我们的礼物。
   这里的风景非常美丽,所以很多人都喜欢来这儿旅游。

9. 阳光从窗户照进来,房间亮了好多!
   窗户外面是一个美丽的小花园。

10. 阳光照到森林中,让人感觉很美。
    她喜欢到森林中散步。

书写模拟练习(一)

书 写

第一部分

第86-95题：完成句子

例如：那座桥　　800年的　　历史　　有　　了
　　　　那座桥有800年的历史了。

86. 成了　　高情　　大学毕业后　　一名医生

87. 有趣的地方　　很多　　参观了　　今天　　导游带我们

88. 我　　是假的　　那个记者　　怀疑

89. 这里的观众　　我觉得　　今晚　　超过一万　　可能会

90. 你　　是科学的　　你的看法　　拿什么证明

91. 父亲　　大山一样重　　就好像　　对孩子的爱

92. 请　　密码　　你的信用卡　　输入

93. 吸引了　　这场　　很多人　　演出

94. 负责　　复印　　李明　　材料

95. 笑话　　讲一个　　我想　　关于乒乓球的

第二部分

第96-100题：看图,用词造句

例如： 乒乓球　　　他很喜欢打乒乓球。

96.

整齐

97.

护士

98.

抽烟

99.

撞

100.

桥

参考答案

86—95

86. 高情大学毕业后成了一名医生。

87. 今天导游带我们参观了很多有趣的地方。

88. 我怀疑那个记者是假的。

89. 我觉得今晚这里的观众可能会超过一万。

90. 你拿什么证明你的看法是科学的?

91. 父亲对孩子的爱就好像大山一样重。

92. 请输入你的信用卡密码。

93. 这场演出吸引了很多人。

94. 李明负责复印材料。

95. 我想讲一个关于乒乓球的笑话。

96—100

96. 每个人都喜欢收拾得很整齐的房间。
　　这些衣服挂得很整齐。

97. 护士是一个很让人尊重的职业。
　　在这位护士的照顾下,他很快就出院了。

98. 经常抽烟不利于我们的身体健康。
　　这个人下班时想通过抽烟来减轻工作压力。

99. 司机喝酒后禁止开车，否则很可能与其他车撞在一起。
    这辆车被撞得很严重。

100. 我喜欢中国南方的桥，希望有机会可以去南方旅游。
     水从桥下流过，带走的不仅仅是时间，还有人们的烦恼。

书写模拟练习(二)

书 写

第一部分

第86-95题:完成句子。

例如:那座桥   800年的   历史   有   了
那座桥有800年的历史了。

86. 小鸟   照顾   得到   鸟妈妈   的   了

87. 历史   有   中国   很多年   的

88. 六点   在   大概   回家   我   会

89. 你   我   喜欢   不知道   唱歌   吗

90. 大家   做   都要   一个   人   诚实的

91. 小月   激动   很   让   比赛   足球

92. 科技的   带动   运用   发展   了   国家的

93. 记得   东西   垃圾桶   把   这些   扔进

94. 也   得到   关心   动物   希望   我们的

95. 很   使用   信用卡   我的   方便

第二部分

第96-100题：看图，用词造句

例如： 乒乓球　　　　他很喜欢打乒乓球

96.

心情

97.

聊天

98.

提醒

99.

教育

100.

西红柿

参考答案

86—95

86. 小鸟得到了鸟妈妈的照顾。

87. 中国有很多年的历史。

88. 我大概会在六点回家。

89. 你不知道我喜欢唱歌吗?

90. 大家都要做一个诚实的人。

91. 足球比赛让小月很激动。

92. 科技的运用带动了国家的发展。

93. 记得把这些东西扔进垃圾桶。

94. 动物也希望得到我们的关心。

95. 我的信用卡使用很方便。

96—100

96. 坐在山上看远处的风景总会让她心情变好。
    看着远方的天空,她的心情逐渐好起来了。

97. 他们的工作都很忙,所以很少有时间像这样在一起聊天。
    不工作的时候,他的几个喜欢在一起聊天。

98. 我经常把重要的日子画出来以提醒我不要忘记。
    画这个圈就是为了提醒我17号是小兰的生日。

99. 老师的教育方法对学生有很大的影响。
    老师的教育方法对学生有很大的影响。

100. 当西红柿变红的时候，就说明它成熟了。
     这三个西红柿看起来很新鲜。